MICHAEL
TISCHINGER

AUF DIE SEELE HÖREN

MICHAEL
TISCHINGER

AUF DIE SEELE HÖREN

WEGWEISER in ein
selbstbestimmtes LEBEN

FREIBURG · BASEL · WIEN

© Verlag Herder GmbH, Freiburg im Breisgau 2019
Alle Rechte vorbehalten
www.herder.de

Umschlaggestaltung: © Network! Werbeagentur GmbH, München
Umschlagmotiv: © plainpicture/Willing-Holtz

Satz, Abbildungen im Innenteil: Arnold & Domnick, Leipzig
Herstellung: CPI books GmbH, Leck

Printed in Germany

ISBN 978-3-451-60084-5

INHALT

WORTE DES DANKS 9

MIR WURDE KLAR: JETZT! 11

EINLEITUNG 13

DAS RUFEN DER SEELE 17
   Die größte ERFINDUNG des Lebens 17
   Göttliche STÖRUNG 21
   KÖRPER – GEIST – SEELE 23
   Krankheit als RUFEN der SEELE 26
   Stress frisst SEELE auf 31
   Sinn des Scheiterns 35

MIT DER SEELE IN BERÜHRUNG SEIN 40
   Wie erfahre ich meine Seele? 40
   Der INNEREN STIMME vertrauen 46
   Wie SORGE ICH gut für meine SEELE? 53
   SEELENZEITEN 56
   Wie verhindere ich den KONTAKT
   zu meiner Seele? 63
   Warum wir manchmal UNSEREM
   SEHNEN nicht folgen 72
   Du kannst dich nicht NICHT
   entscheiden 78
   AUFWECKEN und AUFHÖREN 85
   So ein ZUFALL!? 90

SELBST- STATT FREMDBESTIMMT LEBEN 96
- (Ge)Horche und folge 96
- Geld oder LEBEN 102
- Lass die SEELE dein NAVI sein! 108
- Heilraum NATUR 113
- Seele – die ANTENNE zu Gott!? 119

WERDE DER, DER DU WAHRHAFT BIST 123
- Stirb und werde 123
- Der SPRÖSSLING 128
- WURZELN – die unsichtbaren Verbindungen 132
- Einfach SEIN 139

DIMENSIONEN DER SEELE 147
- Liebe 147
- Verbundenheit 151
- Vertrauen 158
- Sehnsucht 164
- Schönheit 170

DER LEBENSKREIS 177
- Der RHYTHMUS des Lebens 177
- Jahreszeiten – LEBENSZEITEN 179
- Leben ist WANDEL 186

LEBEN OHNE REUE 197
- Grüße die SONNE 197
- Du bist FREI 201

Wer auch immer dir begegnet –
ist SCHWESTER oder BRUDER 210
Empfange die GNADE 216
Eins im Anderen und ALLE
VERBUNDEN 220

SEGENSWÜNSCHE 226

VERWENDETE UND
WEITERFÜHRENDE LITERATUR 227

SONSTIGE QUELLENHINWEISE 231

AUFRUF ZUM LEBEN 232
Es ist ZEIT! 232

WORTE DES DANKS

Beginnen möchte ich mit den Worten des Danks.

„The words before all others" – wie mein Seelenbruder Patrick Schank zu sagen pflegte.

Zuallererst empfinde ich tiefe Dankbarkeit für das Geschenk meines eigenen Lebens. Welche Gnade ist es doch, auf diesem *wunder*vollen Planeten in einem *wunder*vollen menschlichen Körper leben zu dürfen.

Ich danke meinen Eltern, die sich vom Leben in Dienst haben nehmen lassen, und mir gute Wurzeln für mein eigenes Wachstum geschenkt haben. Ebenso gilt mein tiefer Dank meiner Frau Elisabeth und meinen beiden Kindern, die mir das Wichtigste auf dieser Welt sind.

Mein Dank gilt all jenen Menschen und Wesen, die mir Wegbegleiter auf dieser abenteuerlichen Reise – die wir gewöhnlich Leben nennen – sind, und die mir vielfältige Inspirationen geschenkt haben, die dieses Buch erst möglich gemacht haben.

Entscheidende Erkenntnisse und Einsichten für dieses Buch wurden mir durch das Leben und Sterben meines Seelenbruders Patrick Schank zuteil. Ihm möchte ich dieses Buch widmen. Er hat mich durch sein Leben, sein Wirken, aber auch durch seinen frühen Tod gelehrt, was es bedeutet, ein be*seel*tes Leben zu führen.

Danke all jenen Menschen, die mein Herz auf unterschiedliche Weise berührt haben und so zum Entstehen dieses Buches beigetragen haben. Ganz besonders danke ich meinen Patientinnen und Patienten ebenso wie meinen Kolleginnen und Kollegen, die mich herausgefordert und angeregt haben, den Bewegungen der Seele nachzuspüren, um diesen selbst immer mehr zu vertrauen.

Tiefe Dankbarkeit empfinde ich insbesondere für die außergewöhnlich enge und vertrauensvolle Zusammenarbeit mit Tino Heeg vom Herder Verlag, der mir von Anfang an volle Unterstützung für dieses Buchprojekt hat zukommen lassen.

Mein besonderer Dank gilt insbesondere auch Birgit Sonnen, Carola Hanti, Joachim Kempf, Johannes Vogler, Lucia Bühler, Michael Gessel, Michael Leberle, Tina Schank und Thomas Boetsch, die das Manuskript für dieses Buch gelesen und mir wertvolle Rückmeldungen gegeben haben.

MIR WURDE KLAR: JETZT!

Es war ein kalter bewölkter Sonntag Ende Januar 2018. Ich war mit meinen Kindern auf dem Oberstdorfer Nebelhorn beim Skifahren. Am Nachmittag, als wir uns zur letzten Abfahrt anschickten, fiel mein Blick wie gebannt über das Oytal hinüber zur gegenüberliegenden Bergkette. Wie aus dem Nichts beschien ein goldgelbes Licht den Riefenkopf. Ich rief meinen Kindern zu: „Seht ihr dieses gelbe Licht … ist es nicht magisch?" Wo kam angesichts des grauen, wolkenverhangenen Himmels dieses Licht her?

Am nächsten Morgen erfuhr ich, dass mein Freund und Kollege Patrick zu jener Stunde an diesem Berg tödlich verunglückt war. Zunächst konnte und wollte ich es gar nicht glauben. Wenige Tage zuvor waren wir bei einem Cappuccino zusammengesessen und hatten uns gefragt, was denn das Leben noch so von uns wolle. Wir beide waren beinahe auf den Tag genau gleich alt … in der vermeintlichen Mitte des Lebens. Patrick hatte eine kleine Tochter, die im Herbst in die Schule kommen würde. Und nun war Patrick tot. Es war mir zunächst unvorstellbar.

Sein letztes „Geschenk" an mich war eine Adresse, die er mir kurz vor seinem Tod zugemailt hatte. Wir sprachen über die Visionssuche – ein zweiwöchiges Naturritual – als eine Möglichkeit, noch tiefer in Verbindung zu kommen mit dem, was uns beiden am Herzen lag: ein beseeltes Leben zu führen. Ich hatte diese Adresse zunächst abgeheftet – in der Vorstellung, diese Idee irgendwann einmal weiterzuverfolgen.

Nach dem Tod Patricks wurde mir klar: Jetzt!

Jetzt ist die Zeit! Nicht irgendwann! Obwohl ich vermeintlich angesichts anstehender Verpflichtungen gar keine Zeit dafür zu haben schien, nahm ich Kontakt mit dem Organisationsteam auf, und Türen öffneten sich, so dass ich schon im Frühjahr an einer Visionssuche in Umbrien teilnehmen konnte. Dort haben mich Sabine Funke und Klaus Reichle auf sehr achtsame und liebevolle Weise begleitet und dort bekam ich auch die Inspiration zu diesem Buch.

Patrick und mich einte eine tiefe Wesensähnlichkeit und eine seelische Verbundenheit, die ich als Seelenverwandtschaft bezeichnen möchte. Auch wenn er nun physisch tot ist, so lebt er dennoch auf eine besondere Weise in mir fort. So, als ob er Samen in meinem eigenen Leben gesät hätte, die nun – nach seinem frühen Tod – aufzugehen schienen. Offenbar ging es vielen anderen Menschen, die ihn gekannt haben, ganz ähnlich. Oft höre ich davon, dass er ein besonderer Mensch war ... ein Seelenführer ... ein Mensch, der in Verbindung war mit seiner eigenen Bestimmung, und so andere Menschen inspiriert hatte, auch gemäß ihrer Bestimmung zu leben. Wir können dies umso mehr, je mehr wir die Stimme unserer Seele in uns auch tatsächlich wahrnehmen und uns ihr mehr und mehr anvertrauen lernen.

EINLEITUNG

Suche nicht draußen!
Kehre in dich selbst zurück!
Im Innern des Menschen wohnt die Wahrheit.
AUGUSTINUS VON HIPPO

Wir leben in einer hochgradig dynamischen und unübersichtlichen Welt. Mehr und mehr realisieren wir, wie sehr wir alle Schicksalsgefährten einer globalisierten und ineinanderverwobenen Welt sind. Gleichzeitig scheint unsere Lebenswirklichkeit unsicherer und krisenhafter geworden zu sein. Das Lebenstempo hat sich für viele Menschen merklich beschleunigt. Stress als allgegenwärtiges Phänomen ist die spürbare Auswirkung dieses modernen Lebensgefühls. Innere und äußere Verunsicherung macht sich breit. Ängste, Befürchtungen, Zukunftssorgen sind zu tagtäglichen Begleitern geworden. Was vorher noch als stabil und verlässlich galt, scheint brüchig und fragil geworden zu sein. Dies gilt sowohl für unsere privaten Lebenswelten als auch für die berufliche Wirklichkeit vieler Menschen unserer Zeit. Worauf kann ich mich noch verlassen? Wem kann ich mich anvertrauen? Was vermittelt mir in einem undurchschaubaren Strudel von politischen, gesellschaftlichen und individuellen Veränderungen Stabilität und Sicherheit?

„Alternative Fakten" lautete das Unwort des Jahres 2017. Dieser Ausdruck umschreibt den irreführenden Versuch, Falschbehauptungen als legitimes Mittel im öffentlichen

Diskurs salonfähig zu machen. Mittels „alternativer Fakten" werden in unserer Gesellschaft Stimmungen gemacht, populistische Tendenzen werden verstärkt, Spaltungen in links oder rechts werden vertieft. Es werden Bedrohungsszenarien entworfen und der Eindruck erweckt, wir als Menschheit würden von einer Krise in die nächste schlittern. Was können wir noch glauben? Woran sollen wir uns orientieren? Was gibt uns innerlich Halt in einer äußerlich offenen, aber haltlosen Welt?

Ist es nicht so, dass das menschliche Leben von jeher keiner eindeutigen Wegbeschreibung folgt? Vielmehr gleicht unser Lebensweg doch dem Voranschreiten in ein noch unbekanntes Land.

Der spanische Lyriker Antonio Machado schreibt in seinem Gedicht „Spuren" über den Weg des Menschen: *Wanderer, deine Spuren sind der Weg, und sonst nichts; Wanderer, es gibt keinen Weg, der Weg entsteht im Gehen.*

Die scheinbare Beliebigkeit und fehlende Verlässlichkeit in der uns umgebenden Außenwelt rufen danach, einen inneren Kompass zu haben, der uns als verlässlicher Orientierungspunkt in unserem Leben dient. Einen inneren Kompass, der uns hilft, gelassener und mit mehr innerem Vertrauen unseren Weg zu gehen.

Wir alle haben in uns einen inneren Kompass, der uns helfen kann, in dieser hochkomplexen und sich schnell verändernden äußeren Welt Orientierung zu finden. Ein Kompass gibt die Richtung an, in die wir gehen wollen. Unser innerer Kompass weiß darum, was für uns wirklich wichtig ist, was unsere je eigenen Werte sind.

EINLEITUNG

Es gibt diesen inneren Kompass, der sich uns als innere Stimme, als innere Stärke mitteilen möchte. Dieser Kompass gibt uns die Kraft, aus alten Mustern herauszutreten, neue Wege zu wagen, die Schritte unseres Lebens in die Richtung zu lenken, die uns zu wahrhaftigen, authentischen und stimmigen Menschen werden lässt.

Dieser innere Kompass wohnt in uns allen. Es ist der Ort unserer tiefsten Innerlichkeit. Der Ort, an dem wir um unser Gutsein, um unsere Würde und unseren Wert als Mensch wissen. Der Ort, zu dem wir Zuflucht nehmen können, wenn uns die Stürme des Lebens im Außen hin- und hertreiben.

Es ist unsere Seele, die in uns wohnt und uns als innere Weisheit, als treuer Ratgeber immer, immer, immer zur Verfügung stehen will. Wir alle sind beseelte Wesen. Beseelt zu sein meint zweierlei: Zum einen bedeutet es, eine Seele zu haben und in Berührung mit ihr zu sein. Wir sprechen aber auch von einem beseelten Menschen, wenn wir ausdrücken wollen, dass jemand tief erfüllt und beglückt von etwas ist. Ein beseeltes Leben zu führen heißt, mit Freude, mit Hingabebereitschaft und aus tiefstem Seelengrund lebendig zu sein.

Dieses Buch will Sie einladen, Ihrer eigenen Seele nachzuspüren, die Bewegungen Ihrer Seele kennen zu lernen und der Stimme Ihrer eigenen Seele Vertrauen zu schenken. Ich möchte Sie ermutigen und anregen, Ihren ureigenen, authentischen Weg zu gehen.

Dazu habe ich Erfahrungen aus der Arbeit mit meinen Patientinnen und Patienten, Inspirationen von Patrick

Schank, aber auch Erkenntnisse aus meinem persönlichen Leben zusammengetragen. Offenbar haben sich schon viele andere vor mir ähnliche Fragen gestellt und eigene Antworten gefunden. Daher füge ich immer wieder auch Zitate, Gedichte oder Texte ein, die für mich selbst inspirierend waren. Vielleicht sind diese Worte auch für Sie hilfreich. Darüber hinaus finden Sie in diesem Buch immer wieder Impulsfragen, die Sie zum Innehalten anregen wollen. Ebenso habe ich verschiedene Übungen, die ich allein beziehungsweise zusammen mit meinen Patientinnen und Patienten bereits erprobt habe, eingeflochten, um Ihnen eigene, vertiefende Erfahrungen zu ermöglichen.

DAS RUFEN DER SEELE

Die größte ERFINDUNG des Lebens

„Hast du Angst vor dem Tod?", fragte der kleine Prinz die Rose.
Darauf antwortete sie: „Aber nein. Ich habe doch gelebt, ich habe geblüht und meine Kräfte eingesetzt so viel ich konnte. Und Liebe, tausendfach verschenkt, kehrt wieder zurück zu dem, der sie gegeben. So will ich warten auf das neue Leben und ohne Angst und Verzagen verblühen …"

ANTOINE DE SAINT-EXUPÉRY

Das Smartphone hat unser Leben im 21. Jahrhundert stärker verändert als jede andere aktuelle Erfindung. Für viele von uns ist ein Leben ohne diese technische Errungenschaft schlichtweg nicht mehr vorstellbar. Von außen betrachtet scheint das Smartphone bereits zu einem Körperteil von uns geworden zu sein, da wir es permanent bei uns tragen. Die Entwicklung des Smartphones ist aufs engste mit dem Namen von Steve Jobs verknüpft. Für manch einen gilt der Gründer von Apple daher als größter Erfinder der Neuzeit.

Steve Jobs verstarb 2011 an den Folgen eines Bauchspeicheldrüsenkrebs. Er wurde 56 Jahre alt. Angesichts dieser lebensbedrohlichen Erkrankung hielt er 2005 bei der Abschlussfeier der Stanford Universität vor frisch diplomierten Studenten eine sehr berührende Rede. Darin bezeichnete er den Tod als die größte Erfindung des Lebens.

Mit 17 Jahren habe er ein Zitat gelesen, das ihn sein ganzes Leben hindurch begleitet hat: Wenn du jeden Tag so lebst, als wäre es dein letzter, wird es höchstwahrscheinlich irgendwann richtig gewesen sein. Ab da habe er sich jeden Tag morgens vor den Spiegel gestellt und sich selbst gefragt: „Wenn heute der letzte Tag meines Lebens wäre, würde ich das tun, was ich mir heute vorgenommen habe zu tun?" Immer wenn die Antwort für mehrere Tage hintereinander „Nein" gewesen sei, habe er gewusst, dass es Zeit war, etwas in seinem Leben zu ändern. Sich bewusst zu machen, dass er bald tot sein werde, sei für ihn das wichtigste Werkzeug gewesen, um die großen Entscheidungen seines Lebens zu treffen und seinen Visionen treu zu bleiben.

Äußere Erwartungen, eigener Stolz, Versagensängste, Scham oder andere Dinge, die uns gewöhnlich stark beeinflussen können, fallen im Angesicht des Todes weg. Sich zu erinnern, dass wir sterben werden, hilft uns, ein bewusstes und stimmiges Leben zu führen. Es gibt keinen Grund, unserem eigenen Herzen nicht zu folgen. Der Tod ist das Reiseziel, das wir alle teilen. Er ist der Vertreter des Lebens für den Wandel. Er trennt das Unwichtige vom Wichtigen und macht Platz für das Neue.

Den Studenten gab er deswegen folgende Ratschläge mit auf ihren Weg: Vergeudet eure Zeit nicht, um das Leben eines anderen zu führen. Lasst eure eigene Stimme nicht vom Lärm der anderen Meinungen übertönen. Habt den Mut, eurem Herzen und eurer Intuition zu folgen. Dadurch erfahrt ihr, wer ihr wirklich sein wollt.

Offenbar hatte diese Lebenseinstellung Steve Jobs die Kraft gegeben, seine Visionen umzusetzen, obwohl er sich äußerlich immer wieder in schwierigen Situationen wiederfand und Phasen des Scheiterns bewältigen musste.

Schon ganz früh in seinem Leben wurde er von seiner Mutter zur Adoption freigegeben. Er wuchs bei Adoptiveltern auf, machte seine Hochschulreife und begann zu studieren. Seine Eltern waren nicht gerade vermögend und hätten all ihre Ersparnisse für sein Studium aufwenden müssen. Er brach sein Studium ab und besuchte stattdessen einen Kalligraphiekurs. Hätte er sein Studium nicht abgebrochen, wäre er nie in diese Kalligraphiekurse gegangen und hätte sich nicht mit Typografie beschäftigt und nicht die Computer entwickeln können, die ihn und Apple so berühmt gemacht haben.

Etliche Jahre später wurde er aus seiner eigenen Fima gefeuert, aber auch das sollte sich zwar als bittere, doch letztlich gute Medizin erweisen. Er lernte dadurch seine Frau kennen und entwickelte eine neue Technologie, die später für Apple zum Herzstück werden sollte, nachdem er letztlich doch wieder zu Apple zurückfand. In der Rückschau habe alles, was ihm in seinem Leben widerfahren sei, irgendwie Sinn gemacht: Alle Punkte seines Lebens ließen sich im Nachhinein wie durch einen roten Faden verbinden. Steve Jobs empfahl in seiner Rede daher den jungen Studenten, zu vertrauen, dass sich auch die Punkte ihres Lebens verbinden lassen und etwas – wie auch immer wir es nennen – uns alle führt.

Steve Jobs sprach in diesem Zusammenhang davon, dass uns das Schicksal manchmal wie mit einem Backstein am Kopf trifft, aber wir dürfen in solchen Situationen nicht den Glauben verlieren. Letztlich half ihm in seinem Leben immer wieder, dass er das, was er tat, wirklich liebte. Das gab ihm die Kraft, trotz Rückschlägen weiterzumachen.

Manche Menschen verhalten sich so, als ob sie noch ein zweites Leben im Gepäck hätten. Doch dieses Leben ist nicht die Generalprobe für die eigentliche Aufführung, sondern es ist bereits die Uraufführung. Wir leben nur einmal. Ein Freund, der vor kurzem mit der Diagnose Krebs konfrontiert wurde, meinte dazu: „Ich habe durch diese schwere Erkrankung erkannt, dass wir zwei Leben haben. Das zweite Leben beginnt dann, wenn wir kapieren, dass wir in Wirklichkeit nur eines haben."

Die beiden Aufforderungen „Memento mori!" (lat. „Sei dir deiner Sterblichkeit bewusst") und „Carpe diem!" (lat. „Pflücke den Tag") gehören unweigerlich zusammen wie die beiden Seiten einer Medaille. „Lehre uns bedenken, dass wir sterben müssen, auf dass wir klug werden!" – diese biblische Weisheit will uns einladen, aus der Perspektive der eigenen Endlichkeit heraus klug mit unserem Leben im Hier und Jetzt umzugehen. Wenn unser Leben endlich ist, so lasst uns endlich leben!

Göttliche STÖRUNG

So wie im Leben von Steve Jobs, so ist es in unser aller Leben: Wir werden immer wieder mit schwierigen Situationen konfrontiert, die wir zum Beispiel als Krisen, Schicksalsschläge, Scheitern oder Verluste bezeichnen. Sind wir mit solchen Herausforderungen konfrontiert, verstehen wir zunächst nicht, was diese Situationen in der Tiefe bedeuten sollen, wofür sie vielleicht sogar gut sein könnten. Erst in der Rückschau entstehen Verbindungslinien zwischen den einzelnen Punkten und wir können sie in einen größeren Kontext einordnen.

Verharren wir zu sehr im Alltagstrott, braucht es oftmals eine größere Störung, um uns aufzurütteln. Ja, es braucht womöglich eine „göttliche Störung", um uns aus einem unbewussten Überlebensmodus herauszuholen und um vielleicht erstmals richtig lebendig zu werden.

Für mich war der unerwartete Tod meines gleichaltrigen Freundes Patrick eine solche göttliche Störung. Wie konnte ich nur glauben, dass Patrick und ich in der Mitte unseres Lebens seien und noch viele Jahre vor uns hätten? Welch ein Trugschluss! Was bedeutete der Tod Patricks für mein eigenes Leben?

Eine göttlichen Störung bedeutet, dass etwas völlig Unerwartetes in unser Leben hereinbricht und uns gehörig durcheinanderwirbelt. Plötzlich sind wir mit ganz anderen Fragen als bisher konfrontiert. Drehte sich unser Denken zuletzt womöglich viel um kleinere Alltagssorgen, so können uns eine lebensbedrohliche Erkrankung, ein Unfall oder der reale Verlust eines nahen Menschen aufrütteln und uns mit ganz anderen, mit wesentlicheren Fragen in Kontakt bringen.

So stellt eine solche Störung unseres Alltagsbewusstseins immer auch die Frage nach unserem Leben als Ganzem.

Ich lade Sie ein, sich mit Hilfe folgender Fragen, Gedanken über Ihre eigene Lebenseinstellung zu machen:
Lieben Sie das, was Sie tun? Folgen Sie Ihrer inneren Stimme? Vertrauen Sie, dass auch in Problemen, Schwierigkeiten, Momenten des Scheiterns etwas Sinnvolles geschehen will? Lieben Sie Ihr Leben? Wie gehen Sie mit dem Geschenk Ihres Lebens um? Sind Sie sich der Einzigartigkeit Ihres eigenen Lebens bewusst? Stimmt Ihr Leben, so wie Sie jetzt gerade leben? Sind Sie wirklich lebendig oder überleben Sie nur? Folgen Sie der Spur Ihres Herzens? Lieben Sie die Menschen, mit denen Sie Ihre Zeit verbringen?

Viele Märchen sowie biblische Heilungs- und Wandlungsgeschichten folgen einem dreistufigen Muster. Im ersten Teil wird eine gewöhnliche Ausgangssituation geschildert. Im zweiten Teil steht der Protagonist dann vor einer großen Herausforderung, die es zu bewältigen gilt. Im dritten Teil geht er oder sie schließlich gewandelt und gereift daraus hervor.

Auch Hollywoodfilme sind oftmals nach einem ähnlichen Handlungsmuster gestrickt: Zunächst wird eine normale Alltagssituation geschildert, in die hinein etwas Außergewöhnliches passiert. Die Hauptdarsteller müssen sich auf den Weg machen, um durch die Hilfe von Mentoren oder durch die Entwicklung eigener Kräfte eine

Lösung auf einer höheren seelischen Ebene zu finden, um letztlich ein Happy End zu ermöglichen.

Ich lade Sie ein, eine Sie gehörig belastende Schwierigkeit Ihres bisherigen Lebens unter der Perspektive der göttlichen Störung zu betrachten.
*Wie war Ihre Alltagssituation, Ihr Denken, Ihr Verhalten vor dem Eintreffen der göttlichen Störung? In welcher Weise hat diese Störung Sie zu einer Veränderung Ihres bisherigen Lebens geführt? Was ist auf einer höheren („göttlichen") Ebene die Lernaufgabe, der Wachstumsimpuls gewesen? Was war Ihnen fortan nicht mehr möglich zu denken oder zu tun? Was ist daraus an Neuem in Ihrem Leben entstanden? Wem sind Sie dadurch womöglich begegnet? In welcher Weise sind Sie daran gereift/gewachsen? Wenn Sie nun davon ausgehen, dass eine göttliche Störung auf einer höheren Ebene Ihr seelisches Wachstum, Ihre Reifung, also Ihre Weiter*entwicklung *im Sinne hatte: Woraus konnten Sie sich herauslösen? Womit war Ihr Denken, Ihr Verhalten verwickelt? Wohin hat sich Ihr Leben weiter*entwickelt*?*

KÖRPER – GEIST – SEELE

Was ist der Ursprung Eurer Leiden?
Ich werde es Euch sagen:
Es ist die Identifikation mit dem Körper,
die falsche Annahme,
dass Ihr der Körper seid.

SATHYA SAI BABA

Der Mensch besteht aus Körper, Geist und Seele. Diese drei Aspekte des Menschseins stehen in gegenseitiger Wechselwirkung und bilden eine Einheit.

Betrachten wir die moderne Medizin, wie sie heute an Universitäten gelehrt wird, so entsteht jedoch der Eindruck, dass weiterhin ein allzu verengtes Bild des Menschen, nämlich eine Reduktion auf den Körper vertreten wird. Der geistige und seelische Aspekt wird vielfach vernachlässigt beziehungsweise an ein kleines Fachgebiet – die Psychosomatik – delegiert. Nur in diesem Feld der Medizin scheint das Nachdenken über die gegenseitige Einflussnahme von biologischen Prozessen (Körper), denkendem Bewusstsein (Geist) und fühlendem Bewusstsein/Spürbewusstsein (Seele) erwünscht zu sein.

In den übrigen medizinischen Fachgebieten steht fast ausschließlich der Körper und seine biologischen Mechanismen und Regelkreise im Zentrum des Interesses.

Dahinter steckt oftmals noch immer ein sehr mechanistisches Bild von uns Menschen, das in etwa so lautet:

Der menschliche Körper ist vergleichbar mit einer Maschine, die gefälligst reibungslos ihre Funktion erfüllen sollte. Sie muss regelmäßig mit Energie (Nahrung, Flüssigkeit) versorgt werden, sollte gepflegt und gewartet werden, damit sie möglichst lange funktionieren kann. Bei Ausfällen werden Fachleute (Ärzte) hinzugezogen, die die Maschine wieder reparieren sollen und bedarfsweise defekte Teile gegen funktionierende Ersatzteile austauschen können. Auftretende Verschleißerscheinungen sollten durch eine möglichst perfekte Benutzung und Wartung der Maschine minimiert beziehungsweise möglichst lange hinausgeschoben werden. Der menschliche Geist spielt dabei nur insofern eine Rolle, als das Gehirn als biologischer Sitz unseres Bewusstseins gesehen wird (im Sinne einer Schaltzentrale für unseren menschlichen Körper) und für Benutzung, Wartung und Bedienung der Körpermaschine verantwortlich ist.

Krankheit wird als Symptom des Nicht-mehr-Funktionierens der Maschine gedeutet und muss mit Werkzeugen, die gegen das Nicht-Funktionieren ankämpfen, beseitigt werden. Die gängigen Medikamente beginnen nicht umsonst mit dem Wörtchen Anti-. Wie zum Beispiel Antihypertensivum, Antidiuretikum, Antidiabetikum, Antidepressivum ... Bis dahin, dass wir gegen den natürlichen Alterungsprozess mittlerweile mittels Antiaging vorzugehen versuchen. Wir versuchen mit solchen Substanzen Symptome zu unterdrücken, ohne sie ursächlich zu verstehen. Dadurch werden diese weder verstanden noch dauerhaft behoben. Werden die Ursachen der Symptome nicht wirklich erkannt, können die unterdrückten Symptome in ähnlicher Weise wiederkehren oder sich auf andere Ebenen verschieben.

Unsere moderne Medizin hat große Erfolge vorzuweisen. So sind in vielen Bereichen wirkungsvolle Behandlungsfortschritte erzielt worden, die ich an dieser Stelle ausdrücklich würdigen möchte. Es gibt gerade in der jüngsten Vergangenheit bei einer ganzen Reihe von Krebsarten ganz erhebliche Fortschritte dank besserer Diagnostik und neueren Therapien.

Dennoch wächst bei vielen Menschen ein Unbehagen gegenüber einer Engführung auf eine rein mechanistische

Sichtweise des Menschseins. Manchmal erscheint es so, als ob sich unsere heutige Medizin einen Tunnelblick zugelegt hätte, der größere Zusammenhänge ausschließt und die Perspektive auf die Landschaften des Lebens vernachlässigt.

Werden Krankheiten nur als Ansammlung von Symptomen im Sinne eines fehlerhaften Funktionierens verstanden, so wird dies dem leidenden Menschen nicht gerecht.

Krankheit als RUFEN der SEELE

> Dialog zwischen Seele und Körper:
> „Sag's du ihm. Auf mich hört er nicht", sprach die Seele zum Körper.
> „Ich werde krank werden, damit er sich Zeit nimmt, auf dich zu hören", antwortete der Körper.

Jede Krankheit hat einen seelischen Aspekt. In jeder Erkrankung steckt ein Rufen der Seele – nicht nur in dem herkömmlicherweise als psychosomatisch bezeichneten Kranksein. Eine Krankheit bringt uns dazu, mit unserem Körper Kontakt aufzunehmen, seine Signale wahrzunehmen. Letztlich ist es aber immer auch eine Botschaft der Seele, die uns dadurch erreichen möchte. Der bekannte Dichter und Schriftsteller Christian Morgenstern hat den Körper als den Übersetzer der Seele ins Sichtbare bezeichnet. Indem wir unseren Körper wahrnehmen, können wir auch Zugang zu unserem seelischen Befinden bekommen. Der Körper ist der Resonanzraum unserer Seele. Das Wort Resonanz kommt vom Lateinischen „resonare", was „wieder ertönen, wieder erschallen" bedeutet. In der Physik bezeichnet Resonanz das Mitschwingen eines Körpers mit etwas anderem. Damit ist gemeint, dass sich im Sinne eines schwingfähigen Systems etwas durch ein anderes auszudrücken vermag. Unsere Seele kann sich durch unseren Körper mitteilen. Der Körper wird somit zum Tor für unsere Seele. Körper und Seele dürfen nicht getrennt voneinander betrachtet werden, so als ob sie nichts miteinander zu tun hätten. Vielmehr sind unser Körper und unsere Seele miteinander in Schwingung, in Resonanz. Unser biologischer Köper ist ein resonanzfähiger Organismus. Er kann sich als Resonanzraum auf das Seelische hin ausrichten und somit unser Innerstes durch eigenes Klingen zum Ausdruck bringen.

Ich möchte Ihnen hierzu ein eigenes, aktuelles Beispiel geben, wie mir durch einen körperlichen Schmerz eine seelische Botschaft zuteilwurde: Kürzlich hatte ich mir für den Samstag vorgenommen, im Garten meines Vaters zu arbeiten und sein Haus zu putzen. Dummerweise kamen unter der Woche kurzerhand noch drei Terminanfragen für diesen Tag hinzu, die ich nicht absagen wollte. Die Lösung schien naheliegend: Ich musste einfach früher mit meinem Tagwerk beginnen und etwas flotter arbeiten, um das alles gut unterzubringen. Gesagt – getan. Das Ergebnis war jedoch sehr unerfreulich. Am Samstagabend stellten sich heftige Schmerzen im Bereich des unteren Rückens ein. Diagnose: Akute Lumbalgie. Auf körperlicher Ebene ist die Sache klar: Es liegt eine Nervenreizung im Bereich der Lendenwirbelsäule vor. Empfehlung des Hausarztes: Einnahme eines Schmerzmittels und vorübergehende Schonung.

So weit, so gut. Rein schulmedizinisch war das keine große Sache. Tatsächlich zwangen mich die Rückenschmerzen aber dazu, mich auszuruhen und mir Zeit für mich selbst zu nehmen.

Als ich die drei zusätzlichen Termine für den Samstag zugesagt hatte, hatte ich bereits ein leichtes Verkrampfen im Bauchbereich verspürt. Rückblickend musste ich mir selbst eingestehen, dass ich die seelische Botschaft („Halt! Es wird zu viel!") einfach ignoriert hatte. Ich verstand, dass ich mal wieder meinem alten Verhaltensmuster, mir zu viel in den Tag zu packen, begegnet war.

Mir wurde klar, dass ich angesichts des schnellen Arbeitstempos unachtsam mit mir umgegangen war. Bei der Gartenarbeit schwitzte ich am Rücken, nahm mir aber keine Zeit, das T-Shirt zu wechseln, sondern arbeitete eilig weiter, wodurch die nachfolgende Nervenreizung begünstigt wurde.

Als ich mit Decke und Wärmflasche auf dem Sofa lag, führte ich einen inneren Dialog mit meiner Seele. Sie wollte von Anfang an nur mein Allerbestes und sprach aus der Warte des Wohlwollens: „Mach doch langsam. Lass dir mehr Zeit. Du darfst die Dinge ruhiger angehen. Werde ruhiger. Werde wesentlicher."

Unsere Seele scheut nicht davor zurück, uns Krankheiten oder andere Schwierigkeiten zu schicken, damit wir innehalten, um auf sie zu hören. Sie will uns zurufen: „Stimmt dein Leben, so wie du gerade lebst?" Es ist ein Rufen aus unserem Innenraum. Unsere Seele will uns Orientierung geben. Sie will wie ein achtsamer Wächter auf uns aufpassen, damit wir verstehen können, was wir tun und was wir lassen sollten. Sie spricht von ganz innen, von dem Ort in uns, wo wir um unsere Würde als Mensch wissen. Sie ist der Ort unserer wahren Werte und weiß, was für uns das Allerbeste ist. Sind wir mit der Seele in Verbindung, wissen wir um unser wahres Menschsein, unser Gutsein, unser tiefstes Wesen. Die Seele möchte uns immer wieder dazu einladen, uns Zeit für uns zu nehmen und uns selbst Aufmerksamkeit zu schenken.

Eine Patientin unserer Klinik, die heute Anfang vierzig ist, hat mir dazu Folgendes erzählt:
Meine Eltern waren immer viel beschäftigt. Ich lernte früh zu funktionieren, ich wollte ihnen ja nicht zur Last fallen. Ich sah, wie sie sich abmühten und sich anstrengten. Sie betonten immer wieder, dass ich es einmal besser haben sollte als sie. Ich hatte Schuldgefühle, wenn ich mir mal Zeit mit ihnen gewünscht hatte, wo sie doch so hart arbeiteten. Als Kind musste ich krank werden, um die Aufmerksamkeit und die Zeit meiner Eltern zu bekommen. Nur wenn ich krank im Bett lag, ließen sie mich ihre Fürsorge spüren und kümmerten sich um mich. Als Erwachsene habe ich es ihnen nachgemacht. Ich habe ebenfalls ständig gearbeitet und viel geleistet. Nun, da ich krank geworden bin, sehe ich, wie sehr ich mich selbst vernachlässigt habe. Ich habe mir in den letzten Jahren keine Zeit

geschenkt, um nach mir zu schauen. Offenbar musste ich als Erwachsene immer wieder krank werden, um mir selbst Aufmerksamkeit und Zeit zu schenken.

Die nachfolgende Übung möchte Sie einladen, sich selbst und Ihrem Innersten Zeit und Aufmerksamkeit zu schenken. Vielleicht finden Sie daran Gefallen und Sie möchten diese Übung immer wieder einmal ausprobieren.

ÜBUNG
Innerer Dialog mit der Seele

Machen Sie es sich zuhause so bequem wie möglich. Vielleicht haben Sie in Ihrer Wohnung einen Lieblingsplatz, eine Lieblingsdecke, einen Lieblingstee... Wenn möglich, schalten Sie alle potentiellen Störquellen (Telefon etc.) aus. Schenken Sie sich jetzt selbst eine Stunde Ihrer Aufmerksamkeit. Nehmen Sie sich Zeit, innerlich ruhig zu werden. Stellen Sie sich nun vor, dass Sie mit Ihrer Seele sprechen könnten. Vielleicht hilft Ihnen die Vorstellung, dass Ihre Seele eine bestimmte Gestalt, Form oder Farbe hat. Schließen Sie die Augen und imaginieren Sie Ihr eigenes inneres Bild von Ihrer Seele. Führen Sie ein Gespräch mit Ihrer Seele. Fragen Sie Ihre Seele, was sie Ihnen gerade jetzt sagen möchte. Vielleicht wollen Sie aber auch eine konkrete Frage stellen: Was ist angesichts der aktuellen Situation gut für mich? Was brauche ich wirklich? Was soll ich tun? Was soll ich lassen?

Stress frisst SEELE auf

Was uns am meisten daran hindert, in guter Weise das Rufen unserer Seele wahrzunehmen, ist der alltägliche Stress. Wer kennt nicht das Gefühl, gestresst, angespannt, unter Druck zu sein? All die Studien, die in den vergangenen Jahren dazu durchgeführt wurden, legen den Schluss nahe, dass das subjektive Erleben von Stress in unserem Land immer mehr zunimmt.

Als Ursachen werden in Umfragen meist Dinge genannt wie: beruflicher Leistungsdruck, Zeitdruck, finanzielle Nöte, Doppelbelastung durch Familie und Beruf, Konflikte in der Familie, in der Schule, am Arbeitsplatz, Folgen der Digitalisierung, Sorgen und Zukunftsängste. Doch das sind nicht die wirklichen Ursachen, sondern nur die sichtbaren Problembereiche unseres Lebens. Würden wir uns Stress in Form eines Baumes vorstellen, so wären die genannten Bereiche die Äste und das Blätterwerk des Baumes.

Betrachten wir einen Baum, so können wir nur den Stamm, die Äste und die Blätter sehen – das Wurzelwerk bleibt für unsere Augen unsichtbar, ist jedoch für die Größe und den Wuchs des Baumes entscheidend. So bleiben uns zunächst auch die eigentlichen Ursachen, die Wurzeln für unseren subjektiv erlebten Stress verborgen. Diese liegen nämlich nicht im Außen, sondern sie befinden sich in uns selbst. Sie sind in unseren Selbstwertkonzepten, unseren Selbstzweifeln, unseren Glaubenssätzen und unseren frühkindlichen Verletzungen zu finden. Zweifeln wir an uns selbst und machen unseren Selbstwert einseitig von den erbrachten Leistungen und der daraus resultierenden Anerkennung abhängig, so liegt darin die eigentliche Wurzel unseres Stressbaums. Wir müssen immer noch mehr leisten, noch mehr tun, noch mehr vorweisen, um unsere eigenen Minderwertigkeitsgefühle zu kompensieren. Daraus resultiert letztlich unsere übermäßige Bereitschaft, uns zu verausgaben – und damit unser Stress.

Unser autonomes Nervensystem, das für unsere innere Balance verantwortlich zeichnet, besteht aus dem Sympathikus und dem Parasympathikus. Ersterer ist für die Aufgaben „fight and flight" (kämpfen und fliehen) und zweiterer für die Aufgaben „rest and digest" (ruhen und verdauen) zuständig. Im Zustand des Gestresstseins kommt es zu einer Überaktivierung des sympathischen Nervensystems und somit zu einem innerpsychischen Erregungszustand des Kampfs beziehungsweise der Flucht.

Dies hat für unser seelisches Gleichgewicht fatale Folgen. Wir sind gereizt, nervös, schlafen schlecht, und wir tragen selbst zu vermehrten Konflikten und Beziehungsproblemen bei. Auch viele psychische und körperliche Störungen sind unmittelbar oder indirekt Folge eines nicht mehr bewältigbaren Stresslevels.

Stellen Sie sich Ihre Seele vergleichbar Ihrem Magen vor. Ihr Magen braucht Zeiten des Ruhens und des Verdauens. Gönnen wir ihm diese nicht in ausreichender Weise, wird er im wahrsten Sinne des Wortes sauer. Er produziert mehr Magensäure als nötig, was wiederum zu

Beschwerden wie Sodbrennen, Schleimhautentzündungen oder Magengeschwüren führen kann. Auch unsere Seele wird krank, wenn wir ihr nicht Zeiten des Ausruhens und des Verdauens gönnen. Unsere Alltagssprache erfasst das treffend, wenn wir sagen, dass wir Belastungen seelisch verdauen müssen. Sind wir jedoch überbelastet und fehlt uns die Zeit des seelischen Ausruhens und Verdauens, wird die Seele sprichwörtlich verbittert. Die Seele kann das Übermaß an Stress nicht mehr verdauen und wird zunehmend selbst vom Stress aufgefressen. Um gesund zu bleiben, brauchen wir ein ausgewogenes Verhältnis zwischen den Belastungen des Lebens einerseits und unserer seelischen Verdauungsmöglichkeit andererseits.

Von Pfarrer Sebastian Kneipp, der sich im 19. Jahrhundert als Begründer der modernen Naturheilverfahren einen Namen gemacht hat, stammt folgendes Zitat: „Willst du ein langes Leben, so musst du als erstes auf Deine Seele achten!" Die Weltgesundheitsorganisation (WHO) bezeichnete jüngst Stress als die größte Gesundheitsgefahr des 21. Jahrhunderts. Auf ein langes Leben und auf die Seele achten bedeutet heutzutage, auf den eigenen Stress achten, denn dieser gefährdet zuallererst unsere leibliche, aber auch unsere seelische Gesundheit.

Erst wenn es uns gelingt, unseren Stresslevel zu reduzieren, können wir wirklich ein beseeltes Leben führen. Wir brauchen Zeiten und Räume des Ausruhens und des Verdauens.

Vielleicht kann Ihnen die folgende Übung dazu eine hilfreiche Anregung sein.

ÜBUNG
Sorgenfreie Zone

Suchen Sie sich in Ihrem persönlichen Umfeld einen Platz, einen Ort, der so beschaffen ist, dass Sie, sobald Sie sich dort niederlassen, zur Ruhe kommen können. Dies könnte eine Bank vor dem Haus oder ein Sessel auf dem Balkon sein, den Sie sich als sorgenfreie Zone einrichten. Vielleicht ist es einfach eine Ecke in einem Ihrer Zimmer oder ein ganzer Raum, den Sie zu Ihrem persönlichen Seelenraum erklären.

Nehmen Sie für die Gestaltung dieses Ortes Kontakt mit Ihrem Inneren auf: Welche Düfte, welche Materialen, welche Gegenstände sind es, die Ihnen helfen, sich an diesem Ort zu entspannen? Vielleicht wollen Sie dort ein Schild anbringen, das deutlich macht, worum es Ihnen dabei geht.

Es könnte aber auch ein Platz in der Natur sein, der nicht zu weit von Ihrer Wohnung entfernt liegt.

Suchen Sie einen Ort, der Ihnen hilft, bei sich selbst anzukommen. Dieser Ort gibt Ihnen die Erlaubnis, einfach nur da sein zu dürfen, entspannen zu dürfen, ganz Sie selbst sein zu dürfen. Wenn Sie wollen, können Sie sich jeden Tag zumindest ein paar Minuten an diesem Ort gönnen.

SINN des Scheiterns

Leiden ist der beste Lehrer
und einer, der nie müde wird.
AYYA KHEMA

Freud und Leid, Erfolg und Misserfolg, Gelingen und Scheitern: Alles gehört zu unserem Leben. Es schmerzt, anzuerkennen, dass wir so wie bisher nicht weitermachen können. Es tut weh, uns einzugestehen, ein gestecktes Ziel nicht erreichen zu können, eine Beziehung oder einen Lebenstraum loslassen zu müssen. Aber genau darin liegt die größte Chance einer Veränderung beziehungsweise gar einer Wandlung unserer selbst.

Sprachgeschichtlich geht das Wort „scheitern" auf Scheiter, eine Pluralform von (Holz-)Scheit zurück. Im Scheiten des Holzes wird die äußere Form des Holzes zerschlagen und das Innere kommt zum Vorschein. Der Sinn des Holzscheitens besteht ja darin, das Holz für das Verfeuern vorzubereiten. Durch das Feuer wird die im Holz enthaltene Energie schließlich freigesetzt. So betrachtet ist das Scheiten des Holzes Teil eines größeren Transformationsprozesses.

Auch unser menschliches Scheitern kann einen tiefgreifenden Wandlungsprozess in uns bewirken.

Manchmal mögen wir meinen, der tiefe Schmerz des Scheiterns bricht uns das Herz – so weh tut es. Aber wenn wir bereit sind, uns der Lektion des Lebens zu öffnen, so kann die Erfahrung des Scheiterns unser Herz aufbrechen, statt es zu zerbrechen. Das Zerbrechen im Außen öffnet uns für unser Innerstes, unsere Seele. Wir gelangen dadurch in eine tiefere Schicht unserer selbst. Vielleicht erkennen wir dadurch, wie wir bisher recht oberflächlich auf ein seelenloses Funktionieren bedacht waren. Nun, da uns dies genommen ist, schickt uns das Leben in die Tiefe – und bringt uns somit in Berührung mit unserer Seele.

Leben wir nicht in einer Welt des ungebremsten Erfolgsstrebens und übersehen oftmals den Preis, den wir dafür bezahlen müssen? Ständige Anstrengung, Erschöpfung, Beziehungsarmut … Haben wir bisher unseren Selbstwert allzu sehr vom Funktionieren oder äußeren Glanz abhängig gemacht, so können wir in der Tiefe unserer Seele eine neue, eine wesentliche Erkenntnis gewinnen.

Eine Webdesignerin in den mittleren Lebensjahren, die aufgrund eines beruflichen Scheiterns in unsere Klinik kam, berichtete rückblickend über ihre dadurch gemachten Erfahrungen:

Schon früh habe ich gelernt, um jeden Preis Aufmerksamkeit zu erhaschen. Dabei habe ich mich jedoch total verausgabt. Zuhause bin ich abends regelmäßig zusammengeklappt und hatte keine Kraft mehr für meine Familie. Durch den unerwarteten Rauswurf aus der Firma bin ich dann vollkommen zusammengebrochen. Letztlich ist auch mein bisheriges Selbstwertkonzept kollabiert. In der Therapie durfte ich für mich ganz neue Erfahrungen machen: In mir ist eine innere Stimme, die mir Klarheit schenken will. Ich kann diese erspüren und ich kann sie nützen, um aus meinem alten, nach permanenter

Anerkennung gierenden Muster auszusteigen. Diese innere Stimme weiß, was mir guttut. Sie spricht wohlwollend und wahrhaftig zu mir.

Sind wir in Beziehung mit unserer Seele, so ahnen wir: Es gibt nichts, was den Wert unseres Menschseins in Frage stellen kann. Kein Scheitern, kein Misserfolg, kein Fehler, den wir begangen haben, kann unsere Würde als Mensch beschädigen. Wir sind und bleiben *wert*voll. Wir können dadurch eine neue Freiheit gewinnen. Wir werden frei von einengenden Verhaltensweisen, die wir uns in der Vergangenheit als Überlebensstrategie zugelegt haben. Wir können uns dadurch aber auch vom Diktat des Leistungsdrucks, des Gefallenwollens, dem wir uns irgendwann selbst unterworfen haben, frei machen.

Unsere Würde als Mensch drückt sich in unserem aufrechten Gang aus. Doch fallen wir hin, verlieren wir deswegen nicht unsere Würde. Letztlich lernen wir als Mensch das Gehen nur dadurch, dass wir hinfallen und wiederaufstehen.

Wenn Sie an dieser Stelle etwas ganz Praktisches ausprobieren wollen, so lade ich Sie zu folgendem kurzen Experiment ein.

ÜBUNG
Der Entwicklungsschritt

Nehmen Sie ein Blatt Papier in der Größe A4. Stellen Sie einen Fuß darauf und zeichnen Sie Ihre Fußsohle mit einem Stift nach. Nun schneiden Sie Ihren Fußabdruck aus.

Erinnern Sie sich einer Situation in Ihrem Leben, in der Sie im übertragenen Sinn hingefallen sind. Was haben Sie daraus gelernt? Was war rückblickend Ihre wichtigste Erkenntnis, die Sie damals in Ihrem Leben offenbar gebraucht haben? Schreiben Sie diese in den Fußabdruck.

Vielleicht unterstützt Sie diese Erfahrung und die Erkenntnis, wie sehr Sie daraus profitiert haben, beim Weitergehen.

Dazu passend möchte ich Ihnen diesen schönen Text weitergeben.

Das ganze Aufgebot

In diesem Leben geht es nicht darum,
die Teile wegzuschneiden,
die ich nicht mag,
damit jene, die ich mag, übrig bleiben.
Ich wähle das ganze Aufgebot –
Tag und Nacht,
Angenehmes und das Gegenteil davon,
wenn es schleppend geht und
wenn es läuft wie geschmiert.
Lehnst Du auch nur irgendein
Stückchen des Lebens in Dir ab,
so ist ein Schlüssel, der eine Tür
hätte öffnen können, verloren,

rausgeschmissen mit dem Müll.
Ich bete für den Mut,
die ganze Katastrophe
annehmen zu können,
wie auch immer sie mir erscheint,
ohne zurückzuschrecken.

DANNA FAULDS

MIT DER SEELE IN BERÜHRUNG SEIN

Wie erfahre ich meine Seele?

Erst als ich daran ging, Ordnung in die Seelen meiner Patienten zu bringen, hatte ich vollen Erfolg.

SEBASTIAN KNEIPP

Es ist nicht Anliegen dieses Buches, eine allgemeingültige Definition davon vorzulegen, was denn die Seele sei. Es geht mir nicht darum, Begriffe zu finden, Erklärungen abzugeben, Theorien aufzustellen. Seit Jahrhunderten wird darüber philosophiert, was unter dem Phänomen der Seele zu verstehen sei. Meines Erachtens gibt es keine und kann es auch keine allgemeingültige Definition dafür geben.

Mir geht es vielmehr darum, Anregungen und Inspirationen weiterzuschenken. Mit ihnen können wir die seelische Dimension in uns selbst wahrnehmen und für ein gelingendes Leben nützen.

Wie erfahre ich meine Seele? Wie erleben Sie Ihre Seele? Es geht mir also mehr um einen erfahrungsbezogenen Zugang: Wie können wir selbst ganz konkret spüren, dass wir beseelte Wesen sind? Und wie kann uns dies helfen, unser je eigenes Leben auf eine beseelte – eine tief beglückende – Art und Weise zu gestalten?

Seele ist für mich Ausdruck unseres Spürbewusstseins. Ich kann etwas erfühlen, erahnen, intuitiv erfassen. Indem ich in mich hineinspüre, komme ich meinem Innersten auf die Spur. Es ist eine großartige Erweiterung meines denkenden Geistes, der über ein rein kognitives Bewusstsein verfügt. Doch durch bloßes Nachdenken erlange ich keinen Zugang zu meinem Innersten.

Im Bereich des Seelischen geht es wesentlich darum, uns *ergreifen* zu lassen, Erfahrungen zu machen, die uns unter die Haut gehen – anstatt lediglich vom Kopf her etwas *begreifen* zu wollen. Begriffe sind nicht ausreichend, um das zu verdeutlichen, was die seelische Dimension für unser Menschsein in Wirklichkeit umfasst.

Letztlich sind wir alle in der Lage, die Bewegungen unserer Seele zu spüren und zu erfahren. Um ein beseeltes Leben zu führen, dürfen wir uns von den äußerlichen Erlebnissen des Lebens wirklich *berühren* lassen, und wir dürfen uns gleichzeitig von innen her führen lassen. Je mehr wir uns von innen her erfühlen, desto mehr werden wir auch ein erfülltes Leben haben.

Ich persönlich erlebe die Bewegungen meiner Seele ganz konkret als ein Sich-Öffnen im Brustbereich. Es ist, als ob etwas aufginge, sich etwas bereit machte, empfangen möchte, Ja zu etwas sagt. Es ist die Erfahrung von Stimmigkeit. Die Stimme der Seele teilt sich mir ganz konkret durch die Erfahrung von Stimmigkeit mit: „Ja, diese Entscheidung fühlt sich stimmig an." In mir ist ein Einverstandensein, ein innerer Friede, eine Zustimmung, ein echtes Ja: Ja, so kann es gehen. Ja, so fühlt es sich gut an. Ja, so stimmt es für mich.

Die Erfahrung von „das ist stimmig" darf nicht gleichgesetzt werden mit „das ist richtig". Die Kategorien richtig oder falsch entstehen im Kopf, entspringen den

Bewertungen meines eigenen konditionierten Geistes. „Jenseits von richtig und falsch gibt es einen Ort, da werden wir uns begegnen", sagte bereits vor vielen Jahrhunderten der Sufimystiker Rumi.

Wenn ich in echter Berührung mit meiner eigenen Seele bin, so öffnet sich in mir auch eine Tür, die eine Verbindung zu allen anderen Menschen und Wesen ermöglicht. Bin ich mit mir selbst wahrhaft in Berührung, kann ich mich vom Leben anders berühren lassen.

„Es ist, als habe meine Seele Fühler ausgestreckt und die Seele des anderen berührt. Unsere Beziehung transzendiert sich selbst und wird Teil von etwas Größerem", beschreibt der Begründer der Gesprächspsychotherapie Carl Rogers diese Erfahrung.

Wir können erahnen, dass wir auf dieser größeren Ebene letztlich alle Brüder und Schwestern sind. Von dieser Ebene aus können wir uns als Menschen tief verbunden wissen. Wir können unser Herz für uns selbst und zugleich auch für unsere Mitmenschen öffnen. Dies schenkt uns eine tiefe Verbundenheit, ein Wissen, wie sehr wir doch letztlich alle zusammengehören.

> In der großen Harmonie hat jeder
> seinen eigenen Klang und
> seine eigne Melodie im Weltgesang.
> Der Klang der Andern – und ist er noch so rein –
> ist nicht der seine. Den kann nur er allein
> aus seiner Seele tiefsten Quelle heben.
> Er kann ihn nicht erlernen, nur erleben.
>
> HELLA ZAHRADA

Wenn ich mit meiner Seele in Verbindung bin, kann ich erspüren, was jetzt dran ist, was jetzt getan werden soll – oder aber auch nicht getan werden darf. Es entsteht in mir eine Atmosphäre von innerem Gewiss-Sein. Dieses Gewiss-Sein ist auch die eigentliche Grundlage dessen, was wir gewöhnlich als unser Gewissen bezeichnen. Wir können erfühlen, was jetzt unser angemessenes Handeln sein soll. Handeln wir demgemäß, fühlen wir uns wohl, sind wir reinen Gewissens.

C. G. Jung beschreibt die Seele als eine heilende Instanz, die hintergründig in uns wirkt und der wir die Führung in unserem Leben anvertrauen dürfen. Seele ist für ihn ein Bild für die Gesamtheit aller seelischen Vorgänge in uns. Er spricht in diesem Zusammenhang auch von einem „Instrument", mit dessen Hilfe uns ein tiefes Fühlen, Spüren, Ahnen möglich wird.

Indem ich in Verbindung mit meiner Seele bin, werde ich ganz, heil. Ich spüre intensiv, dass ich als Mensch über eine Würde verfüge, dass ich im Innersten einen unzerstörbaren Wert habe und wie sich für mich somit eine innere Freiheit auftut. Ich bin frei von den Stimmen der äußeren Welt. Eine Freiheit, die mir ermöglicht, ein authentisches Leben zu leben. *Mein* Leben zu leben.

Ebenso wie die Erfahrung der Stimmigkeit ein großartiges Geschenk ist, so ist die Erfahrung von Nichtstimmigkeit ebenfalls ein kostbares Gut. Stimmigkeit meint, da ist ein Ja zu etwas. Ein Ja von ganz innen heraus. Ein Ja meiner Seele. Nichtstimmigkeit ist die gegenteilige Erfahrung. Meine Seele sagt Nein zu etwas, um mich womöglich zu beschützen, mich zu bewahren, um mir auf diese Weise Wegweisung anzubieten.

Ich persönlich erfahre Nichtstimmigkeit als ein Verschließen im Brustbereich. Etwas macht zu. Der Atem fließt nicht leicht, sondern schwer. In meinem Innenraum wird es eng, nicht weit. In solchen Situationen mag mir vielleicht mein Kopf etwas einreden wie: „Was sollen denn andere über mich denken, wenn ich diese oder jene Entscheidung treffe? Das macht man doch nicht! Ich darf doch die Erwartungen der anderen nicht enttäuschen!" Doch meine ahnungsvolle Seele spürt: Es soll nicht sein.

Die Erfahrungen von Stimmigkeit und Nichtstimmigkeit sind wie ein innerer Kompass, um mir zu helfen, meinen stimmigen Weg zu finden. Meine Seele will mir Orientierung schenken. Wo willst du hin? Was ist für dich wesentlich? Die Seele als Kompass will uns zu unserem Ziel führen, will uns zu einem Leben in Wachstum, Fülle und Liebe führen. Die Seele möchte, dass unser Leben gelinge.

Nach C.G. Jung sind seelische Erkrankungen womöglich Hinweise darauf, dass ein Mensch seinen Sinn verloren hat. So betrachtet könnten depressive oder ängstliche Störungen als Sinn-Mangel-Krankheit verstanden werden. Daher empfiehlt er, den unmittelbaren Kontakt zu unserer Seele zu suchen, um unseren eigenen Lebenssinn wieder neu zu finden.

C.G. Jung selbst hat immer wieder Briefe an seine Anima, seine Seele, geschrieben. Er bat sie darin, ihm mitzuteilen, was denn für ihn anstehe und wie es gut weitergehen könne. Vielleicht wollen Sie dies ja ebenso einmal ausprobieren und Ihrer eigenen Seele einen Brief schreiben.

ÜBUNG
Brief an die Seele

Was liegt Ihnen gerade am Herzen? Was möchten Sie sich gerade von der Seele schreiben? Wofür wünschen Sie sich Unterstützung? Wie fühlt es sich an, auf eine womöglich sehr intime Weise Ihrer Seele einen Liebesbrief zu schreiben? Oder vielleicht wollen Sie sich einfach nur bedanken, für das Geschenk Ihrer Seele?
Wie dem auch sei: Probieren Sie doch einfach einmal aus, wie es Ihnen damit ergeht, so vertraut, so persönlich, auf einer Du-zu-Du-Ebene mit Ihrem Innersten Kontakt aufzunehmen. Wenn es Ihnen Freude bereitet, können Sie jederzeit erneut einen Brief an Ihre Seele schreiben. Vielleicht entdecken Sie, wie gut Ihnen das tut, sich auf diese Weise Zeit für sich selbst zu nehmen. Womöglich wird Ihnen dadurch klarer, was Ihnen wirklich wichtig ist im Leben. Vielleicht kommen Sie in engeren Kontakt mit Ihren seelischen Bedürfnissen. Sie können eine ganze Briefesammlung anlegen oder diese Briefe auch in Form eines Tagebuches zusammenfassen. Es könnte der Beginn einer Entdeckungsreise Ihrer eigenen Innerlichkeit werden. Fangen Sie einfach an und seien Sie neugierig, wohin es Sie führen möchte.

Der INNEREN STIMME vertrauen

> In unserem Inneren
> ist eine Stimme
> die sagt, was gut für uns ist.
> Wir können sie nicht
> mit den Ohren hören,
> wohl aber mit dem Herzen.
> JOCHEN MARISS

Was treibt uns Menschen am stärksten an?
Einerseits sind es unsere Ängste, die uns dazu bringen können, etwas zu tun oder zu unterlassen. Ängste entstehen im Kopf. Dort nehmen wir Bewertungen vor, taxieren Situationen und antizipieren mögliche Folgen. Der Volksmund sagt: Die Angst ist ein schlechter Ratgeber. Sie kann uns dazu verleiten, uns entgegen unserer eigenen Werte zu entscheiden. Sie kann uns davon abhalten, das zu tun, was wir wirklich wollen. Sie lässt uns lieber ausweichen, lässt uns einen scheinbar bequemeren Weg wählen oder verhindert gar, dass wir uns überhaupt auf den Weg machen, weil uns dies zu gefährlich, zu mühselig, zu unsicher erscheint.

Andererseits sind es unsere Sehnsüchte, die uns in besonderer Weise antreiben. Sehnsüchte motivieren dazu, uns auf einen neuen Weg zu begeben, ein Wagnis einzugehen, etwas auszuprobieren. Sehnsüchte haben eine große Kraft. Eine Kraft, die von innen kommt. Sehnsüchte entstehen in unserem Innersten.

Bitte nehmen Sie sich einen Moment Zeit, sich folgende Fragen zu stellen:

Kennen Sie Ihre derzeit größte Angst? Kennen Sie Ihre derzeit größte Sehnsucht? Was treibt Sie aktuell an? Lassen Sie sich von Ihren Ängsten, Ihren Befürchtungen leiten? Oder folgen Sie der Spur Ihrer Sehnsüchte?

Das Wort „Person", das wir mit unserem Menschsein verbinden, kommt vom Lateinischen *personare* und bedeutet so viel wie durchtönen, die Stimme erschallen lassen. Wir werden also ganz Mensch, wenn wir die in uns wohnende Stimme durch unser Leben zum Ausdruck bringen. Diese innerste Stimme, die damit gemeint sein könnte, ist sicher nicht in den Gehirnwindungen unseres Kopfes zu finden. Denn unser denkendes Bewusstsein weiß über unsere innere Stimme ungefähr so viel wie ein Seefahrer von der Almwirtschaft.

Wir sprechen in diesem Zusammenhang manchmal von der Stimme des Herzens oder der Bauchstimme, weil wir Herz und Bauch mit Gefühlen beziehungsweise mit Intuition assoziieren. Vielleicht aber auch deswegen, weil sich unser Herz- und Bauchraum wie ein Resonanzkörper eignet, um die in uns erzeugten Schwingungen wahrnehmen zu können. Stellen Sie sich vor, Sie sind ein Instrument und die Bewegungen des Lebens erzeugen in Ihnen Schwingungen. So kann der Herz- und Bauchraum wie ein Resonanzraum genutzt werden, um zu spüren, wie etwas in Ihnen zum Klingen kommt.

Unsere Intuition ist Ausdruck genau dieser Resonanzwirkung. Wir finden die Quelle der Intuition in uns selbst, in der Beeindruckbarkeit unserer Seele und ihrer Ausdrucksfähigkeit über das Mitschwingen unseres Körpers.

Sprechen wir von der Stimme des Herzens, so verbinden wir damit die Vorstellung, dass Entscheidungen im Einklang mit unseren Emotionen und nicht *emotionslos* (also losgelöst von unseren Gefühlen) getroffen werden. Sprechen wir von der Bauchstimme beziehungsweise einem Bauchgefühl, dann meinen wir damit, dass wir intuitiv, also aus dem Bauch heraus eine Situation erfassen können. Wir müssen dann nicht lange überlegen, sondern haben eine Art inneres Bild. Der Begriff „Intuition" kommt vom Lateinischen *intueri*, was so viel bedeutet wie genau hinsehen, anschauen. Intuitives Erfassen meint also, durch inneres Schauen – und nicht durch Denken! – Kenntnis von etwas zu erlangen. Unser seelischer Innenraum teilt sich uns sozusagen über ein inneres Erfühlen, über ein inneres Bild mit.

Ich möchte Ihnen an dieser Stelle ein eigenes Beispiel weitergeben:

Vor Jahren bekam ich unerwartet ein Angebot, in einer anderen Klinik zu arbeiten. Obwohl ich mich gar nicht um die Stelle beworben hatte, schien es so, als ob man mir die Aufgabe unbedingt antragen wollte. Rational sprach manches dafür, dieses durchaus verlockende Angebot anzunehmen. Ich stellte mich dort vor und lief dabei auch durch die Räume der anderen Klinik. Dabei spürte ich in mich hinein. Vor meinem inneren Auge konnte ich jedoch kein stimmiges Bild entwickeln, in dem ich mich dort arbeitend sah. Ich ahnte: „Dies ist nicht mein Platz." Als ich das Angebot absagte, spürte ich, dass es mir – entgegen meiner gedanklichen Befürchtungen – ganz leicht ums Herz war. Ein Jahr später erfuhr ich, dass diese Klinik Insolvenz anmelden musste.

Die Stimme der Seele wahrzunehmen hat also viel damit zu tun, im Einklang mit unseren Gefühlen und durch intuitives Erfassen zu handeln. Doch es ist noch mehr. Es geht letztlich darum, im Einklang mit unserer tiefsten *Bestimmung* zu sein: unserem je eigenen Menschsein Ausdruck zu verleihen.

Damit wir uns unsere Seelenstimme mehr und mehr vertraut machen können, braucht es vor allem zwei Dinge: Achtsamkeit und Geduld.

Die Praxis der Achtsamkeit hilft uns, gezielt unsere Aufmerksamkeit zu fokussieren. Unsere Aufmerksamkeit ist ein sehr kostbares Gut, da sie einerseits begrenzt ist und andererseits sehr begehrt zu sein scheint. Denken Sie beispielsweise an all die vielen Werbebotschaften, Nachrichten, Social-Media-Informationen, die um Ihre Aufmerksamkeit buhlen. Im alltäglichen Leben droht unsere Aufmerksamkeit zu verflachen, da wir sie oftmals gleichzeitig auf mehrere Dinge richten – wir nennen das dann Multitasking. Mithilfe von Achtsamkeitsübungen können wir unsere Aufmerksamkeit gezielt steuern und wie eine Lampe herauf- oder herunterdimmen. Somit ist es uns möglich, in uns selbst hineinzulauschen, -zuschauen, -zufühlen. Wir können dadurch das sonst nicht Wahrnehmbare wahrnehmbar werden lassen. Wir bekommen einen Zugang zu unserem Innersten, zu unserer Seele.

Außerdem können wir den Fokus auf die Innen-Außen-Wechselbeziehung legen und erspüren, wie ein äußeres Geschehen in uns in Resonanz geht. Wir können uns zum Beispiel fragen:

Wie schmeckt das in mir? Wie fühlt sich das an? Was bringt es in mir zum Klingen?

> Die einzige Gewissheit, wie Du leben sollst
> und was Du tun musst,
> kann nur aus dem Brunnen aufsteigen,
> der aus der eigenen Tiefe quillt.
>
> ETTY HILLESUM

Nachfolgend möchte ich Sie zu einer kleinen Imaginationsübung einladen. Die in uns allen angelegte Fähigkeit, sich innere Bilder vorzustellen, kann sehr hilfreich sein, um tiefer in uns selbst hineinzuspüren. Gerade das Bild eines Brunnens, mit einem in die Tiefe hinabführenden Schacht, auf dessen Grund klares, reines Wasser ruht, kann uns einen Zugang zu unserer eigenen seelischen Tiefendimension eröffnen.

ÜBUNG
Der Brunnen

Suchen Sie sich einen stillen Ort, an dem Sie für die nächsten paar Minuten ungestört sein können. Schließen

Sie Ihre Augen. Fragen Sie sich selbst, was Sie gerade am meisten beschäftigt? Was in Ihrem Leben braucht gerade Ihre besondere Aufmerksamkeit? Wie stellt sich dieses Thema in Ihnen dar? Was löst es in Ihnen an Gefühlen, Körperempfindungen, Wünschen, Ängsten aus? Nun lassen Sie die Frage „Wie will ich jetzt damit umgehen?" nach innen fallen. Sie können sich vorstellen, dass Sie diese Frage wie in einen tiefen Brunnen fallen lassen. Bitten Sie den Brunnen, der in diesem Fall ein inneres Bild für Ihre Seele ist, Ihnen von seinem tiefen Grund heraus eine Antwort zukommen zu lassen. Was taucht als Reaktion auf Ihre Frage aus dem Seelenbrunnen auf? Lassen Sie sich genug Zeit wahrzunehmen, was es ist. Nachdem Sie eine Botschaft aus Ihrem Seelenbrunnen erhalten haben, können Sie sich abschließend bei Ihrer Seele bedanken.

Neben der Achtsamkeit benötigen wir aber auch Geduld, um uns mit der Stimme unserer Seele vertraut zu machen.

Es kann sein, dass Sie – wenn Sie noch nicht so sehr darin geübt sind, sich um Ihre innere Stimme zu kümmern – Unterschiedlichstes in sich wahrnehmen. Kommen Sie äußerlich zur Ruhe, kann es Ihnen passieren, dass Sie zunächst paradoxerweise viel Unruhe in sich wahrnehmen. Allerhand Stimmen scheinen sich Ihnen mitteilen zu wollen. Oftmals sind es die Stimmen Ihres Verstandes, der permanent in Aktion ist und keine Ruhe geben will. Diese gedanklichen Stimmen, die Sie nun mitbekommen, können sehr widersprüchlich sein und die leise Stimme Ihrer Seele völlig übertönen.

Sie fühlen sich womöglich hin- und hergerissen zwischen all dem, was da in Ihnen tobt. Sie dürfen sich die Erlaubnis geben, nicht alles glauben zu müssen, was da in Ihnen denkt. Womöglich lernen Sie erst nach und nach die Unterscheidung der Geister in Ihnen kennen und können sich mehr und mehr vertraut damit machen, Ihre Seelenstimme wahrzunehmen.

Ihre Seelenstimme braucht Zeit. Sie lässt sich nicht hetzen. Außerdem teilt sie Ihnen gewöhnlich nur das mit, was *jetzt* gerade in Ihnen stimmig oder unstimmig ist. Sie ist eine Stimme des gegenwärtigen Augenblicks. Wir können sie nicht zwingen, uns zu verraten, was hinter der nächsten Ecke auf uns wartet. Sie gibt uns Auskunft über das Hier und Jetzt. Nicht mehr und nicht weniger. Haben Sie also Geduld mit sich und mit Ihrer Seelenstimme.

Machen Sie sich bewusst, dass Sie die Stimmen Ihrer Liebsten blind erkennen können. Auch wenn Sie einen alten, wohlvertrauten Freund lange nicht mehr gesehen haben und er sich womöglich äußerlich stark verändert hat, so werden Sie ihn doch am Klang seiner Stimme wiedererkennen. Die Stimme eines Menschen ist sehr charakteristisch und einzigartig.

Auch mit unserer Seelenstimme verhält es sich im übertragenen Sinne so: Haben wir uns erst einmal mit der Art und Weise, wie unsere Seele sich uns mitteilt, vertraut gemacht, so werden wir sie immer wieder erkennen. Der Klang der Seelenstimme mag kein akustischer sein, sondern er ist ein gefühlter Klang. Die Stimme unserer Seele spricht zu uns immer auf eine sehr wohlwollende Weise. Sie ist niemals harsch, strafend oder verurteilend.

Wie schwingt Ihre Seele in Ihnen? Wie gehen Sie mit Ihrer Seele in Berührung?

Unsere Seele ist Mittlerin unserer Sehnsucht nach einem gelingenden Leben. Sie bringt uns in Kontakt mit dem, was uns wirklich Freude bereitet. Sie will uns mit ihrem ganz besonderen Klang spüren lassen, ob in uns ein freudiges „Ja, so ist es gut" da ist – oder eben nicht.

Wie SORGE ICH gut für meine SEELE?

> Wir meinen, wirkliche Arbeit müsse etwas Äußerliches sein: Ein Erzeugen und Vermehren von Vermögen, Haus, Vieh, Frucht – indes ist aber jede andere Arbeit außer der an der eigenen Seele, durch die die Gewohnheit des Guten vermehrt wird, nichtig.
>
> LEO TOLSTOI

Aus dem Himalaya ist folgende Geschichte überliefert:
Während einer Expedition weigerten sich nach drei Tagen die Sherpas weiterzugehen. Die britischen Auftraggeber waren zunächst sehr aufgebracht, da sie nicht verstanden, was das Verhalten der Sherpas wohl zu bedeuten hätte. Die Gruppe war schneller vorangekommen als ursprünglich geplant, und die Briten wollten diesen zeitlichen Vorsprung weiter ausbauen. Alles gute Zureden half jedoch nichts. Kein Argument konnte die Sherpas zum sofortigen Weitergehen bewegen. Schließlich erklärten sich die Sherpas: „Wir sind eine Strecke, die wir normaler-

weise in fünf Tagen zurücklegen, in nur drei Tagen gelaufen – unsere Körper sind jetzt zwar hier, wir müssen aber eine Pause machen, damit unsere Seelen nachkommen können."

Offenbar hatten die Sherpas auf ihre Weise gut für ihre Seele gesorgt, da sie sich diese Auszeit gönnten, um wieder in Verbindung mit ihren Seelen zu kommen.

Gerade in unserer modernen Welt mit ihrem hohen Arbeits- und Lebenstempo scheint es mir, dass unsere menschlichen Seelen gar nicht mehr mitkommen. Wir jetten in immer schnellerem Tempo von A nach B, da dies technisch machbar ist. Aber unsere Seelen bleiben dabei auf der Strecke. Oder wir sind dank unserer Smartphones ständig online und rund um die Uhr erreichbar, aber wir finden keine wirkliche Zeit der Besinnung mehr.

Wie können wir gut für unsere Seele sorgen?
Gerne möchte ich Ihnen aus den Gesprächen mit vielen meiner Patientinnen und Patienten auf die Frage, wie sie denn ganz konkret für ihre Seele sorgen können, ein paar Anregungen weitergeben:

- „Ich sorge gut für meine Seele, wenn ich mir Zeiten der Stille gönne, mir Zeit zum Meditieren nehme oder mir selbst einen bewussten Moment der Achtsamkeit schenke."
- „Mir hilft es, wenn ich in die Natur gehe und die Schönheit der Schöpfung bewusst betrachte."
- „Ich tanke seelisch auf, wenn ich jemand anderen liebe beziehungsweise mir bewusst mache, dass ich von anderen geliebt werde."

- „Einem anderen Menschen eine Freude zu bereiten, jemandem eine Überraschung machen oder mit jemand etwas Schönes teilen."
- „Dankbarkeit zu empfinden und sie zum Ausdruck zu bringen, ist für meine Seele etwas Wunderbares."
- „Eine zärtliche Berührung zu verschenken oder zu empfangen."
- „Kreativ zu sein, meine Lieblingsmusik zu hören, gute Gedichte lesen, musizieren, singen."
- „Mir Zeit für einen entspannenden Saunabesuch nehmen."
- „Eine Kerze entzünden."
- „Frische Blumen besorgen."
- „Yoga machen."
- „Mir eine warme Badewanne gönnen." …

Und wie sorgen Sie gut für Ihre Seele?
Wenn Sie sich dafür interessieren, können Sie mit der nachfolgenden Übung eigene Ideen formulieren und diese mit Hilfe der sogenannten Schmankerldose sammeln.

ÜBUNG
Schmankerldose

Besorgen Sie sich eine hübsche Dose. Machen Sie sich Gedanken, was Ihrer Seele guttut. Was sind denn kleine Schmankerl für Ihren „Seelen-Magen"? Schreiben Sie auf kleine Zettel jeweils eine Sache auf. Falten Sie diese

Zettel zusammen und legen sie diese in die Dose. Immer wenn Sie das Gefühl haben, dass Sie Ihrer Seele etwas Gutes tun wollen, können Sie sich einen Zettel herausnehmen und sich überraschen lassen, was darauf zu lesen steht. Sorgen Sie dafür, dass Ihre Seele jetzt diese Nahrung bekommt.
ZUSÄTZLICHER TIPP: Gehören Sie zu den Menschen, die bei Stress oder bei emotionaler Anspannung, gerne zum Kühlschrank gehen und sich zur Beruhigung etwas zu Essen holen? Wenn ja, so stellen Sie Ihre Schmankerldose ganz vorne in den Kühlschrank, um sich ein Seelenleckerli zu gönnen, anstatt sich mit Essen zu trösten.

SEELENZEITEN

Bei der Vielzahl und Vielfalt an Anforderungen, mit denen wir uns Tag für Tag konfrontiert sehen, ist es oftmals nicht möglich, die seelischen Bewegungen in unserem Inneren in ihrer ganzen Tiefe wahrzunehmen. Unsere Seele klopft zwar permanent an, aber es braucht wirkliche Seelenzeiten, um noch feinfühliger und offener für die Botschaften unserer Seele zu werden.

So wie eine Karawane in der Wüste immer wieder Oasen benötigt, um frisches Wasser aufzunehmen und sich für den weiteren Weg zu stärken, so auch wir. Die Karawane unseres Denkens, die tagtäglich unseren Lebensweg steuert, braucht Oasen des Anvertrauens, des Hingebens, des Schöpfens aus der Tiefe, um wieder mit neuer

Kraft und klarer Orientierung weitergehen zu können. In unserer lauten und schnellen Welt brauchen wir echte Oasenzeiten, um seelisch nachhaltig auftanken zu können. Wir brauchen Seelenzeiten. Zeiten für uns selbst. Zeiten, in denen wir deutlicher unsere Sehnsüchte, Bedürfnisse, Ängste und Hoffnungen wahrnehmen können. Zeiten, um die tiefen Regungen in uns zu erspüren. Zeiten, um den eigenen Wahrheiten in unserem Inneren begegnen zu können. Zeiten, in denen wir Raum schaffen für das wirklich Wesentliche unseres Lebens. Zeiten, wo wir Kraft tanken und uns innerlich verbunden fühlen.

Im Folgenden möchte ich Ihnen aus eigener Erfahrung, aber auch aus der Erfahrung anderer konkrete Anregungen für mögliche Seelenzeiten geben:

Für mich persönlich sind regelmäßige Zeiten des Heilfastens ein Weg, um aus dem Zuviel einer konsumorientierten Welt herauszufinden. Galenos, der berühmte Arzt, der in der Antike am römischen Kaiserhof tätig war, soll bereits damals über die seelischen Auswirkungen des Fastens gesagt haben: „Fasten ist notwendig, denn die Seele wird durch zu viel Blut und Fett erstickt und ist dann nicht fähig, göttliche und himmlische Dinge einzusehen und zu beurteilen."

Mir hilft eine regelmäßige Fastenwoche, wieder tiefer zu empfinden, meine Poren der sinnlichen Wahrnehmung zu öffnen und innerlich ruhig und klar zu werden. Dies ist meiner Erfahrung nach aber nur möglich, wenn ich mir dafür eine wirkliche Auszeit von der Arbeit gönne und mir zum Beispiel dafür eine ganze Urlaubswoche einplane. Am liebsten ziehe ich mich dann für ein paar Tage auf eine einsame Berghütte zurück, um ganz bei mir selbst sein zu können. Andere Fastende erleben hingegen die Unterstützung einer Gruppe als hilfreich oder melden sich zu einer Fastenwanderwoche an.

Die Inspiration zu diesem Buch wurde mir wie schon erwähnt während einer zweiwöchigen Visionssuche geschenkt. Dabei handelt es sich um ein begleitetes Naturritual, während dessen Fasten ebenfalls eine große Rolle spielt. Allein, fastend und nur mit dem Nötigsten ausgestattet machen sich die Teilnehmer auf den Weg in die Natur, um auf ihr Innerstes zu hören. Dies ist eine wunderbare Gelegenheit, tiefer der eigenen Seele zu begegnen und eine neue Verbindung sowohl mit der eigenen, inneren als auch der äußeren Natur zu ermöglichen.

Eine längere Zeit draußen, im möglichst nahen Kontakt mit der Natur, kann uns eine seelisch tief inspirierende Erfahrung schenken. Das Verlassen unserer gewohnten Behausungen und das bewusste Einlassen auf die Erfahrungen in der Natur kann in uns allen eine tiefe seelische Resonanz auslösen. Sind wir nicht selbst wesentlich Teil dieser natürlichen Mitwelt, mit ihren Rhythmen und ihren Gesetzmäßigkeiten? Die Offenheit für die Schönheit des Lebens und für die Wirklichkeit der Vergänglichkeit des Lebens – so wie die Natur es uns zeigt – kann eine tiefgreifende seelische Erfahrung ermöglichen. Die äußeren Landschaften, die wir offenen Herzens betreten, können auf tiefe Weise unsere innere Seelenlandschaft berühren. Schauen. Staunen. Lauschen.

Nicht von ungefähr gehen wir Menschen zur seelischen Regeneration ans Meer oder in die Berge. Die Wellen des

Meeres vermögen Steine zu polieren und können ebenso die menschliche Seele reinigen. Ein mehrtägiger Aufenthalt in den Bergen kann durch die Weite und die Abgeschiedenheit der Bergwelt auch den inneren seelischen Raum wieder weiten und uns neue Perspektiven ermöglichen.

Eine meiner Kolleginnen unternimmt jährlich eine spirituelle Frauenreise, bei der sie gemeinsam mit anderen Frauen Höhlen aufsucht, die als alte Kultstätten gedient haben. Sie erlebt dies als intensive Begegnung mit ihrer Seele – in Verbindung mit den menschlichen Vorfahren, die dort vor langer Zeit ihr irdisches Zuhause gefunden hatten. Diese Höhlenaufenthalte schenken ihr immer wieder tiefgreifende Erfahrungen des Verbundenseins, der inneren Heimat, des Angekommenseins und großer Geborgenheit.

Reisen ermöglichen uns, unterschiedlichste, vielleicht bisher noch nicht bekannte Landschaften wie Wüsten, Urwälder oder weite Savannen zu entdecken. Doch letztlich ermöglichen sie uns vor allem, neue Augen zu bekommen: Augen, die staunen, Augen, die eine innere Berührung widerspiegeln, Augen, die unsere seelische Verbundenheit wahrzunehmen vermögen.

Spätestens seit den vielbeachteten Berichten von Paulo Coelho und Hape Kerkeling über den Jakobsweg erlebt das Pilgern als uralte Tradition, dem Körper und der Seele Gutes zu tun, eine Renaissance. Zu Fuß unterwegs zu sein, im je eigenen Tempo Schritt für Schritt gehen und dabei die Seele mitkommen zu lassen, dies war und ist für unzählige Pilger seit jeher eine Zeit der inneren Klärung und Neuorientierung.

Nicht nur Erfahrungen in der Natur, sondern auch Erfahrungen in der Gemeinschaft von Gleichgesinnten können wahrhafte Seelenzeiten darstellen. Ich genieße es sehr, einmal jährlich in einem Kloster an mehrtägigen Begegnungstagen teilzuhaben. Es ist für mich eine Quelle der Inspiration, Menschen zu begegnen, die sich gegenseitig von Herzen willkommen heißen, die sich umarmen und einander vermitteln: „Schön, dass du da bist." Gemeinsam Freude erleben ist eine wahrhafte Zeit für die Seele. Die Erfahrung, dass Dinge leichter gehen und schöner sind, wenn wir sie gemeinsam erleben und miteinander teilen, ist wunderbar. Öffnen wir unsere Herzen für die Begegnung mit anderen, dürfen wir spüren, wie viel wir zurückbekommen, wenn wir bereit sind, etwas von uns zu geben. Gemeinsam zu singen, zu tanzen, zu lachen, aber auch gemeinsam zu schweigen oder einander in Offenheit und Vertrauen an den je eigenen inneren Prozessen teilhaben zu lassen, ist eine gute Medizin für die menschliche Seele.

Mittlerweile gibt es an vielen kraftvollen Orten wie Klöstern, Gästehäusern oder spirituellen Zentren unterschiedlichste Angebote wie Exerzitien, Retreats, Meditationsangebote, Yogakurse oder Achtsamkeitskurse, die uns helfen, uns wieder mit unserer eigenen Seele tiefer zu verbinden.

Eine gute Freundin gönnt sich jeden Monat einen Schweigetag. An diesem Tag geht sie in Stille spazieren, meditiert oder praktiziert Achtsamkeitsübungen. Sie berichtet mir immer wieder, wie wohltuend diese Tage der Stille für sie sind und wie sehr sie dadurch seelisch wieder auftanken kann.

Immer mehr Menschen scheinen auch bereit zu sein, vorübergehend auf einen Teil ihres Einkommens zu verzichten, um sich eine Sabbatzeit zu gönnen. Ist es nicht eine herrliche Gelegenheit für ein paar Monate oder vielleicht sogar für ein ganzes Jahr das je eigene Lebenstempo neu finden zu dürfen! Ich habe schon viele begeisterte Berichte darüber gehört und gelesen, wie seelisch wohltuend es Menschen erleben, langsamer sein zu dürfen, achtsamer und bewusster ihre Lebenszeit zu gestalten, neue Erfahrungen machen zu dürfen, der eigenen Kreativität Raum zu schenken oder Orte aufzusuchen, die bisher noch unbekannt waren.

Solche Seelenzeiten können uns helfen, nicht zu herzlosen, ellbogenbewehrten Kriegern zu verkommen, sondern wieder beseelte Menschen mit einem dankbaren Herzen zu werden, die auch Mitgefühl für andere und eine neue Verbundenheit zum großen Leben spüren. Solche Menschen braucht unsere Welt!

Angesichts des zunehmenden psychischen Leids in unserer Gesellschaft hat eine Gruppe von Chefärzten psychosomatischer Kliniken, der auch ich angehöre, die Initiative „Aufruf zum Leben" gestartet. Unser Anliegen ist es, Menschen zu ermutigen, dem Seelischen in ihrem eigenen Leben wieder mehr Zeit und Raum zu schenken. Ich habe Ihnen den genauen Wortlaut unseres Aufrufs am Ende des Buches als Anhang beigefügt. Weitere Details dazu finden Sie im Internet unter der Website www.aufruf-zum-leben.de.

Wie sieht es mit Ihrer ganz persönlichen Seelenzeit aus? Vielleicht wollen Sie sich ja etwas Zeit nehmen, um Ihrer eigenen diesbezüglichen Sehnsucht nachzuspüren?

ÜBUNG
Seelenzeit

Wenn es Ihnen möglich ist, dann brechen Sie zu einem kleinen Spaziergang auf. Vielleicht gibt es ja eine vertraute Strecke, die Sie besonders gerne gehen und die Ihnen eine kleine Auszeit von Ihrem Alltag ermöglicht.
Indem Sie äußerlich in Bewegung sind, können Sie in Ihrem Inneren etwas in Bewegung bringen.
Spüren Sie während Ihres Spaziergangs folgenden Fragen nach:
Wann haben Sie sich zum letzten Mal eine wirkliche längere Seelenzeit für sich selbst gegönnt? Gibt es in Ihnen den Wunsch, sich in der näheren Zukunft wieder einmal eine persönliche Seelenzeit zu ermöglichen? Wenn ja, lassen Sie ein inneres Bild aufsteigen. Was könnte es sein? Was entspricht Ihnen? In welchem Zeitraum möchten Sie Ihre Seelenzeit einplanen?

Wie verhindere ich den KONTAKT zu meiner Seele?

Bitte

Wir werden eingetaucht
und mit den Wassern der Sintflut gewaschen
wir werden durchnässt
bis auf die Herzhaut.
Der Wunsch nach der Landschaft
diesseits der Tränengrenze taugt nicht
der Wunsch den Blütenfrühling zu halten
der Wunsch verschont zu bleiben taugt nicht.
Es taugt die Bitte
dass bei Sonnenaufgang die Taube
den Zweig vom Ölbaum bringe
dass die Frucht so bunt wie die Blume sei
dass noch die Blätter der Rose am Boden
eine leuchtende Krone bilden.
Und dass wir aus der Flut
dass wir aus der Löwengrube und dem feurigen Ofen
immer versehrter und immer heiler
stets von Neuem zu uns selbst entlassen werden.

HILDE DOMIN

Dieses Gedicht von Hilde Domin berührt mich auf eine besondere Weise. Es scheint etwas sehr Wesentliches meines eigenen Lebens auszudrücken. Auf dem Weg zu uns selbst werden wir zwar nicht verschont vor so manchen

Schwierigkeiten und Herausforderungen. Aber es ist der einzige Weg, der taugt, um unserem wahren Menschsein nahe zu kommen. Viele Jahre meines Lebens hatte ich offenbar Angst, mich wirklich auf den Weg zu mir selbst zu machen, denn es bedeutete, Sicherheiten und Vertrautes im Außen loszulassen. Viele Jahre meines Lebens verhinderte ich dadurch den Kontakt zu meiner eigenen Seele.

Ich war 16 Jahre, als nach der Mittleren Reife die Berufswahl anstand. Meine Entscheidung, eine Banklehre zu beginnen, war nach außen hin eine sehr vernünftige Wahl. Verstandesmäßig machte das alles Sinn: Meine Eltern – deren Meinung mir damals sehr wichtig war – schienen damit mehr als einverstanden. Gesellschaftlich erhielt ich viel Anerkennung, schließlich war Bankkaufmann ein angesehener Beruf, und die Tatsache, dass ich als Dorfjunge mit Anzug und Krawatte durch die nahe Kleinstadt lief, machte mich irgendwie stolz. Wie gesagt: Verstandesmäßig schien es eine richtig gute Wahl zu sein.

Als jedoch nach der Banklehre die Entscheidung anstand, die nächsten Schritte in Richtung Karriere zu gehen, begann ich zu zweifeln. Noch nicht einmal 20 Jahre alt, stellte ich mir schon die Frage, wie viele Jahre bis zur Rente ich diesen Beruf denn noch ausüben müsste. Während der Arbeit blickte ich heimlich aus dem Fenster. Ich war nicht mit meinem ganzen Herzen bei der Sache.

Vermutlich hätte ich nichts an der komfortablen Situation – ein angesehener Beruf mit gutem Einkommen und glänzende Karrierechancen – geändert, wäre nicht die Sache mit den Schlafstörungen dazugekommen. Monatelang schlief ich schlecht. Immer wieder hatte ich Träume, in denen es um das Fallen in die Tiefe ging oder das Loslassen von Dingen, an die ich mich festklammerte.

Offenbar wollte mir meine Seele damals schon den entscheidenden Hinweis geben, dass es Zeit war, mich auf einen neuen Weg, *meinen* eigenen Weg zu machen. Irgendwie dämmerte mir also, dass die Bankkarriere nicht mein beruflicher Weg sein sollte, auch wenn mir von außen viel Unverständnis entgegenkam, sobald ich den Gedanken an Kündigung äußerte. Ich war damals so sehr abhängig von den Vorstellungen meiner Eltern und den Meinungen anderer, dass die Überlegung, zu kündigen, in mir einen heftigen inneren Kampf auslöste. Schließlich stellte sich noch ein Bluthochdruck ein. Erst das schien mir endgültig die Erlaubnis zu geben, den bisher für unmöglich gehaltenen Schritt zu wagen und von zuhause wegzuziehen, um andernorts mein Abitur nachzuholen. Die Botschaft, die mir mein damaliger Bankvorstand mit auf den Weg gab, lautete: „Wenn's dem Esel zu wohl wird, dann geht er aufs Eis." Das traf mich. Ein Teil in mir glaubte tatsächlich, dass ich ein Esel war, auf so viel Geld, Ansehen und Sicherheit zu verzichten. Doch Gott sei Dank war der Ruf meiner Seele unüberhörbar.

Unsere Seele will uns wachrütteln. Sträuben wir uns gegen das leise Flüstern unserer Seele, so wird aus dem Flüstern ein Rufen und schließlich zunehmend ein lauter Schrei, um uns aufzuwecken.

Nach dem Abitur stand die nächste Entscheidung an. Auf einer seelischen Ebene ahnte ich schon, dass ich später einmal auf eine ganzheitlichere Weise für Menschen da sein möchte. Medizin, Psychologie, Theologie schienen mich am meisten zu interessieren. Mein Verstand redete mir aber ein, dass es doch Unsinn sei, nach dem Besuch einer Wirtschaftsschule, einer Banklehre und einem Wirtschaftsgymnasium das Metier vollständig zu wechseln. Auch die Studienberatung riet mir deutlich von der Medizin als Studienfach ab: Die damaligen Aussichten, später als Arzt eine Stelle zu bekommen, waren im Vergleich zu den Möglichkeiten in der Wirtschaft deutlich schlechter. Da ich Angst davor hatte, das Studium womöglich nicht zu bestehen oder später arbeitslos zu sein, entschied wiederum mein Kopf, ein Wirtschaftspädagogikstudium zu beginnen. Ich redete mir ein, dass ich damit ja auch „was mit Menschen machen könnte". Doch schon am ersten Tag an der Uni spürte ich in mir einen heftigen Widerwillen. Diese Studienwahl stimmte einfach nicht. Trotzdem redete ich mir tapfer ein, dass das schon alles so richtig sei und ich mich halt erst noch an die Uni gewöhnen müsse.

Niemals wäre ich zum damaligen Zeitpunkt auf die Idee gekommen, in mich hineinzuspüren, was denn mein Herz zum Klingen bringen könnte. Es schien doch alles so vernünftig – und dadurch auch richtig zu sein.

Meine Seele schenkte mir schließlich einen Blackout. Er kam bei der ersten BWL-Prüfung. Nun hatte ich es schwarz auf weiß: eine glatte Sechs. Offenbar schreckte meine Seele nicht vor drastischen Maßnahmen zurück, um mich auf den Weg meines eigenen Herzens zu führen. Ich kapitulierte. Irgendwie musste auch mein Verstand – auf den ich bisher ausschließlich gesetzt hatte – einsehen, dass dieses Studium keinen Sinn mehr machte. Ohne diesen Blackout wäre ich wohl nicht bereit gewesen, mich beruflich ganz neu auszurichten. Heute kann ich sagen: Danke, liebe Seele, dass du mir ordentlich ein Bein gestellt hast, um letztlich doch der Stimme meines Herzens zu folgen.

Am Ende meines Medizinstudiums stand ich wieder vor einer schwierigen Wahl. Welche Fachrichtung sollte ich wählen? In welchem Krankenhaus möchte ich meine Weiterbildung beginnen? Ich war immer noch davon geprägt, bei wichtigen Entscheidungen primär meinem kognitiven Bewusstsein zu vertrauen. Ich machte lange Listen, was für die eine und was für die andere Wahl zu sprechen schien. Noch immer kam ich nicht auf die Idee, dass ich mein seelisches Spürbewusstsein nutzen könnte, um eine stimmige Wahl zu treffen. Eine gute Freundin riet mir, ein paar Bewerbungsgespräche zu führen und jeweils hinzuspüren, wenn ich das Krankenhaus betrete, wenn mich der Pförtner begrüßt, wie die An- oder Abwesenheit von Grünpflanzen im jeweiligen Krankenhaus auf mich wirkt, wie sich die Atmosphäre im Bewerbungsgespräch anfühlt.

Es war ein großartiges Aha-Erlebnis für mich. Es funktionierte. Ich konnte tatsächlich spüren, wie sich ein bestimmtes Vorstellungsgespräch in mir rundherum wohlig anfühlte. Mein Herz schien ja zu sagen. Prompt bekam ich genau diese Stelle. Offenbar hatte ich tatsächlich ein seelisches Spürbewusstsein, auf das ich vertrauen konnte.

Mir wurde bewusst, dass ich so viele Jahre meines Lebens dieses Geschenk meiner Seele nicht wirklich gekannt hatte und daher auch nicht für die Entscheidungsfindungen auf meinem Lebensweg nutzen konnte.

Ich beschloss fortan, mich bei allen wichtigen Entscheidungen diesem verstandesmäßig nicht sicher greifbaren inneren Seismographen anvertrauen zu wollen. In mir ist Dank über Dank für diese wichtigen seelischen Entwicklungsschritte, die mich ganzer, authentischer und lebendiger haben werden lassen. Meine Seele hat mich bis heute niemals im Stich gelassen.

Unsere Entwicklungsaufgabe als Mensch ist es, uns Schicht für Schicht näher zu kommen, um ein seelentaugliches Leben führen zu können. Im Leben voranzukommen meint im Wesentlichen, zu uns selbst zu kommen. Alle Wachstums- und Wandlungsprozesse, die das Leben immer wieder von uns wünscht – bisweilen auch unsanft einfordert –, dienen diesem einen Ziel: meine Bestimmung zu kennen und ihr zu folgen, um so mein wahres Sein entfalten zu können. Wir gestalten unsere Lebenswirklichkeit selbst – die Frage ist nur, ob wir dies bewusst oder unbewusst tun. Sind wir in Verbindung mit unserem Innersten, können wir mit großer Bewusstheit ein echtes und authentisches Leben erschaffen.

Im Neuen Testament heißt es: „Was nützt es dem Menschen, die ganze Welt zu gewinnen, wenn er dabei seine Seele verliert?" Auch in unserer Umgangssprache kennen wir den Ausdruck, „jemand hat seine Seele verloren". Damit meinen wir, jemand hat den Zugang zu seinem wahren Wesen, zum Ort seiner Essenz, ja seine Authentizität verloren.

Letztlich ist es jedoch oft unser eigenes Ego, das den Kontakt zu unserer Seele verhindern möchte. Mit Ego meine ich die psychologische Instanz in uns, die kontrollieren, festhalten, Recht behalten möchte. Es ist unser innerpsychischer Anteil, der primär von unseren unbewussten Bewertungen und unseren Ängsten gespeist wird. Die Angst, nicht zu genügen. Die Angst, nicht angenommen zu sein. Die Angst, übersehen zu werden, zu kurz zu kommen … Man könnte die Liste noch beliebig fortsetzen. Der Ego-Anteil in uns tut sich schwer zu vertrauen, sich hinzugeben, sich fallen zu lassen. Er will an althergebrachten Vorstellungen festhalten, so dass die Ängste, unter denen wir leiden, in Schach gehalten werden können.

Die Energie des Egos ist gespeist aus einer Mangelvorstellung, die daher rührt, dass wir uns im Ego-Bewusstsein abgetrennt und unverbunden fühlen. Das Ego fragt nicht: „Was haben wir gemeinsam?", sondern „Was kann ich besser?". Folglich begnügt sich das Ego nicht damit, gute Leistungen zu erzielen, sondern es will besser sein oder mehr haben als andere.

Aus dieser Haltung heraus laufen wir Gefahr, zu viel Lebenszeit im Tun-Modus zu verbringen. Tun-Modus bedeutet, dass wir uns selbst ständig antreiben, weil es scheinbar noch nicht genug ist, was wir bisher geleistet und getan haben. Wir meinen, immer noch nicht zu genügen, und fordern mehr von uns, als uns guttut. Zum Tun-Modus gehört für mich auch das gedankliche Tun. Wir kommen zum Beispiel abends von der Arbeit nach Hause, aber in Gedanken sind wir immer noch dort. Unser Kopf ist weiterhin damit beschäftigt, die Tagesreste zu verarbeiten oder schon vorauszuplanen, was denn am nächsten Tag auf uns wartet. Im Tun-Modus kommen wir nicht wirklich zur

Ruhe. Wir denken: „Ich muss doch noch … ich muss dies oder jenes noch schaffen … ich muss das erst noch hinkriegen …" – Das Wort „müssen" gehört zum Ego-Vokabular. Solange wir noch immer meinen „Ich muss", ist noch kein Raum da für „Ich darf".

Erst wenn ich in den Seins-Modus umschalte, kann ich mir wirklich erlauben, zu dürfen, was ich wirklich will: Ich darf zur Ruhe kommen. Ich darf einfach nur da sein. Ich darf genießen. Ich darf ausspannen. Ich darf auch mal nichts tun. Ich darf es mir gut gehen lassen.

Es braucht genau diesen Moment des Zur-Ruhe-Kommens, des In-die-Stille-Gehens, um klar und deutlich hören zu können, was denn da in mir ruft. Was ist denn mein tiefster Herzenswunsch?

Unser Ego-Anteil ist es auch, der uns manchmal in Liebesbeziehungen oder in einem partnerschaftlichen Miteinander einen Strich durch die Rechnung macht. Ist er der bestimmende Taktgeber in uns, werden wir es schwer haben, uns liebevoll mit anderen verbunden zu wissen und uns dem Spiel der Liebe anzuvertrauen: dem Spiel von Geben und Nehmen, dem Spiel von Schenken und Beschenktwerden.

Im Folgenden möchte ich ein paar typische Ego-Verhaltensweisen, die den Kontakt zur Seele verhindern können, auflisten:

- Mich nach außen orientieren, indem ich sehr auf meine Wirkung bei den andern bedacht bin.
- Reden, reden, reden statt zuhören, lauschen, offen sein. Je höher der eigene Output, desto geringer ist der Input.

- Mir selbst und anderen etwas vormachen, indem ich unehrlich und nicht authentisch bin.
- Gedanken der Feindseligkeit, des Grolls, des Haderns in meinem Herzen zu kultivieren.
- Mich selbst anpeitschen, mich nicht zur Ruhe kommen zu lassen.
- Süchtige oder gierige Verhaltensweisen ebenso wie der Gedanke „Ich kriege nicht genug, ich komme zu kurz".
- Sich selbst mit anderen zu vergleichen. Besser sein wollen.

Die Seele hingegen weiß um die Notwendigkeit von Verbindungen. Auf einer seelischen Ebene können wir uns tief verbunden fühlen:

Wir können die tiefe innere Verbundenheit zu unserem wahren Selbst, unserem innersten Seinsgrund erfahren.

Wir können uns seelisch auf eine sehr nahe, wundervolle Weise mit anderen Menschen verbunden wissen.

Wir können uns aber auch mit den Menschen auf tiefste Weise verbunden fühlen, die uns vorausgegangen sind und nicht mehr in ihrem physischen Körper zuhause sind. Wir nennen diese Menschen gewöhnlich unsere Vorfahren oder Ahnen. Letztlich sind es aber nicht nur unsere blutsverwandten Ahnen, mit denen wir auf seelischer Ebene in Verbindung treten können, sondern auch alle anderen Menschen, denen wir uns in Dankbarkeit verbunden wissen. Alle Menschen, die uns Gutes getan haben, die uns auf unterschiedliche Weise in unserem Entwicklungsprozess und bei unserem persönlichen Wachstum unterstützt haben.

Selbst mit anderen geschöpflichen Wesen wie Pflanzen, Bäumen, Tieren können wir uns auf einer seelischen Ebene stark verbunden wissen. Unsere nichtmenschlichen Geschwister dienen uns auf ihre Weise, indem sie sich etwa als Nahrung für uns zur Verfügung stellen und so auch ein Teil von uns werden, um unserem körperlichen Sein zu dienen.

Schließlich können wir uns auf seelischer Ebene auch tief mit der Schöpferkraft selbst verbunden wissen. Egal ob wir diese Gott, Höhere Macht, Manitu oder sonst wie nennen. Unsere segnenden Worte, auch Gebete genannt, können dieser Verbindung Ausdruck verleihen. Der Philosoph Sören Kierkegaard sagte über die Wirkung von Gebeten: „Das Gebet verändert nicht Gott, aber den, der betet."

Die Seele weiß, dass es letztlich darum geht, uns verbunden statt abgetrennt zu erleben. Somit können wir uns dem Mysterium des Lebens, so wie es sich Tag für Tag vor unseren Augen entfaltet, tiefer anvertrauen. Wollen wir unser Leben leichter und gelassener gestalten, brauchen wir die Bereitschaft, uns hinzugeben.

Warum wir manchmal UNSEREM SEHNEN nicht folgen

Vielleicht kennen Sie die sogenannte Hühneradlergeschichte.

Sie erzählt, wie ein Bauer, der ein Adlerei fand, dieses mit nach Hause nahm und einer seiner Hennen im Hühnerhof ins Nest legte. Der Adler wurde so zusammen mit den Küken ausgebrütet und wuchs mit ihnen gemeinsam auf dem Hühnerhof auf. Fortan lebte er zusammen mit den Hühnern auf diesem Hof und verhielt sich, wie Hühner sich eben verhalten.

Persönlich kenne ich zwei verschiedene Versionen dieser Geschichte. In der ersten Version kommt ein naturkundiger Mensch, der dem Adler verhilft, sein Wesen als Adler zu entdecken, und ihn dazu ermutigt, schließlich auf und davon zu fliegen. In der anderen Version bleibt dieser naturkundige Mensch aus und der Adler wird auf dem Hühnerhof alt, wo er eines Tages auch verstirbt.

Die erste Version wird als Erfolgsgeschichte interpretiert. Denn ein Coach/Mentor/Lehrer verhilft dem Adler, seine bisher selbst gesetzten Grenzen zu überwinden. Gerne wird diese erste Version von Menschen verbreitet, die andere dabei unterstützen wollen, die eigenen Begrenzungen des Denkens zu überwinden. Die zweite Version der Geschichte wird meist als Scheitern gedeutet, da der Adler – nicht wissend um sein Adlersein – sich mit etwas Geringerem zufrieden gibt als dem, was er an Möglichkeiten in sich trägt.

So weit, so gut. Ich möchte an dieser Stelle zunächst darauf aufmerksam machen, wie schnell wir doch bereit sind, ein *Urteil* zu treffen. Wir teilen etwas in Richtig oder Falsch ein. Wir sagen, dies ist ein erfolgreiches Verhalten und jenes ist ein Scheitern. Wir verurteilen womöglich den Adler in der zweiten Version, weil er vermeintlich in seinem gemütlichen Elend verharrt. Wir setzen voraus, dass es besser sei, wie ein Adler zu fliegen statt wie eine Henne Körner zu picken.

Was genau ist denn ein Urteil? Nehmen wir den Begriff ganz wörtlich, so teilen wir damit ein „Ur", einen Ausgangszustand, entzwei. Was vorher zusammengehörte, wird nun getrennt. So können wir zum Beispiel durch das Urteil „schwarz oder weiß" Menschen, die alle Teil einer großen Menschheitsfamilie sind, in unterschiedliche Gruppierungen einteilen. Ein Richter, der jemanden verurteilt, macht ihn damit zum Täter und einen anderen zum Opfer.

Woran messen wir Erfolg und Misserfolg? Daran, wie hoch jemand hinaus kommt? An dem, was von anderen beklatscht oder bejubelt wird? Wir könnten auch ganz andere Maßstäbe anlegen. So empfiehlt etwa der Dalai Lama: Miss deinen Erfolg daran, was du für ihn aufgeben musstest.

Unter dieser Perspektive könnte die zweite Version der Hühneradlergeschichte vielleicht auch ganz anders betrachtet werden. Zwischen dem Adler und den Hühnern ist womöglich durch das lange Zusammensein ein tiefes Band einer stillen Freundschaft entstanden. Der Adler mag Dankbarkeit dafür empfinden, dass er auf dem Hühnerhof adoptiert worden war und trotz seiner Andersartigkeit so sehr von den Hühnern gemocht und angenommen wird. Womöglich hat er erkannt, dass seine besonderen Fähigkeiten für das Überleben seiner Freunde von großem Wert sind. Stellen wir uns vor, dass von Zeit zu Zeit ein Fuchs um den Hühnerhof schleicht, um sich ein Huhn zu holen. Nur dem wachsamen Adlerblick war es bisher zu verdanken, dass alle Hühner überleben konnten. Was würde mit seinen Freunden wohl geschehen, wenn er sich sprichwörtlich „aus dem Staub machen würde"?

So betrachtet wäre die zweite Version eine Erfolgsgeschichte einer tiefen Freundschaft zwischen diesen beiden unterschiedlichen Vogelarten. Wegen dieser besonderen Freundschaft und der daraus resultierenden Verbundenheit verzichtet der Adler darauf, auszubrechen.

So kann es auch mit uns Menschen sein. Da bekommt ein berufstätiger Mann ein unglaublich tolles Angebot, in eine entfernt gelegene Stadt zu ziehen, wo er mit viel Freude und Begeisterung einen nächsten Karriereschritt gehen könnte. Doch dieser Mann empfindet eine tiefe Verpflichtung seiner Frau und seinen minderjährigen Kindern gegenüber, die sich in ihrem jetzigen Zuhause so wohl und eingebettet fühlen. Er verzichtet daher bewusst auf diese berufliche Veränderungsmöglichkeit. Eine alleinerziehende Mutter würde am liebsten ihren Job aufgeben, um endlich die Weltreise zu machen, von der sie schon als junges Mädchen geträumt hat. Doch aufgrund der Fürsorge, die sie für ihre Kinder empfindet, verzichtet sie auf die Möglichkeit, durch die Welt zu ziehen.

Wahrscheinlich gibt es in unser aller Leben innere oder äußere Notwendigkeiten, die verhindern, dass wir als Menschen sofort und unmittelbar dem Sehnen unserer Seele nachgehen können. Wir können uns bewusst für etwas anderes entscheiden und lernen, auch damit Frieden zu schließen. Diese Notwendigkeiten können mit unserer äußeren Realität zu tun haben. Es kann aber auch eine intrapsychische Notwendigkeit geben, die mit der je eigenen Vorgeschichte zu tun hat. Sie lädt uns im guten Sinne des Wortes ein, bescheiden zu sein und uns in Demut zu üben. Demut ist die Bereitschaft, auf die Weise dem Leben zu dienen, wie es gerade gebraucht wird. Die Demut hilft uns, unseren Platz im großen Ganzen zu finden. Demut ist als Gegengift zum Hochmut zu verstehen. Demut hat damit zu tun, sich selbst ernst, aber das eigene Ego nicht zu wichtig zu nehmen. Wir können uns als Puzzleteile in einem großen Bild verstehen und mit einem ganzen Ja unseren eigenen Platz einnehmen. Demut weiß darum, dass es trotz unerfüllter Wünsche ein erfüllendes Leben geben kann.

Neben Demut ist an dieser Stelle noch eine andere Qualität notwendig: Aufrichtigkeit. Seien Sie sich selbst gegenüber aufrichtig! Gestehen Sie sich Ihre inneren Begrenzungen ein, die Sie momentan in sich spüren. Versuchen Sie, sich und anderen nichts vorzumachen. Zeigen Sie sich so, wie Sie gerade sind. Erkennen Sie Ihre innere Wahrheit und nehmen Sie sich damit an. Vorbehaltlos. Ja, da steh ich. Ja, so bin ich.

Entscheidend dabei ist, dass wir unsere Wahl mit Bewusstheit treffen. Würde die Mutter in obigem Beispiel unbewusst und mit innerem Grollen auf ihren Kindheitstraum verzichten, so würde sie womöglich an ihre eigenen Kinder Schuldgefühle weitergeben.

Letztlich ist es vielleicht nicht entscheidend, was wir tun, sondern aus welcher inneren Haltung und Bewusstheit heraus wir etwas tun beziehungsweise nicht tun. „Ja, ich verzichte auf diese oder jene Möglichkeit, weil mir ein anderer Wert in diesem Moment wichtiger erscheint. Ich entscheide mich bewusst für dieses und mache innerlich Frieden mit jenem, worauf ich jetzt verzichte!"

Es könnte im Moment (noch) zu bedrohlich sein, eine über Jahre erbrachte Anpassungsleistung aufzugeben. Vielleicht ist es meine Aufgabe, mich gerade in Bescheidenheit, Geduld und Demut zu üben und mit etwas Frieden zu schließen, das eben genau so ist, wie es ist. Vielleicht ist die Zeit für Veränderung (noch) nicht gekommen und ich lebe im Vertrauen, dass ich zur richtigen Zeit schon das Richtige tun werde.

Vielleicht ist es manchmal unsere Ungeduld, die uns antreibt, unser eigenes Bestreben nach schnellem Vorwärtskommen. Oder es sind eigene Größenfantasien, die uns antreiben. In diesem Fall ist es besonders wichtig, immer wieder einen Realitätsbezug herzustellen und auf die Wirklichkeit, so wie sie ist, zu achten.

Hierzu möchte ich mit Ihnen eine kurze Geschichte aus Nikos Kazantzakis Roman „Alexis Sorbas" teilen:

Ich erinnere mich eines Morgens, an dem ich auf einem Baume eine Schmetterlingspuppe entdeckt hatte. Der Schmetterling hatte gerade die Hülle gesprengt und schickte sich an, auszuschlüpfen. Ich wartete lange, ungeduldig, denn ich hatte es eilig. Ich beugte mich darüber und begann, ihn mit meinem Atem zu wärmen. Ich hauchte ihn ungeduldig an, und das Wunder des Lebens begann sich vor meinen Augen in einem rascheren Ablauf als natürlich zu entfalten. Die Hülle öffnete sich ganz, der Schmetterling kroch heraus. Aber nie werde ich mein Entsetzen vergessen: Seine Flügel waren noch gekrümmt und zerknittert. Der kleine Körper zitterte und suchte sie zu spannen, aber es war unmöglich. Ein allmähliches Reifen war nötig, die Flügel hätten sich langsam in der Sonne entfalten müssen. Jetzt war es zu spät. Mein Atem hatte den Schmetterling gezwungen, zu früh auszukriechen. Er zappelte verzweifelt und starb nach einigen Sekunden auf meiner flachen Hand. Diese kleine Leiche, glaube ich, ist die schwerste Last, die mein Gewissen bedrückt. Heute begreife ich erst richtig, dass es eine Todsünde ist, die ewigen Gesetze zu vergewaltigen. Wir haben die Pflicht, dem ewigen Rhythmus der Natur mit Vertrauen zu folgen.

Du kannst dich nicht NICHT entscheiden

> Alles, was zählt, ist die Intuition. Der intuitive Geist ist ein Geschenk. Der rationale Geist ist ein treuer Diener. Wir haben eine Gesellschaft erschaffen, die den Diener ehrt und das Geschenk vergessen hat.
>
> ALBERT EINSTEIN

Wie Sie meinen Ausführungen entnehmen konnten, ist es mir selbst lange Zeit schwergefallen, in meinem Leben gute Entscheidungen zu treffen. Ich hatte zum damaligen Zeitpunkt schlichtweg keine wirkliche Verbindung zu meinem Innersten. Ich dachte, dass ich allein durch die Benutzung meines Verstandes die wichtigen Entscheidungen meines Lebens treffen könnte.

Cogito, ergo sum – Ich denke, also bin ich. Dieser Satz des berühmten französischen Philosophen René Descartes stellt die menschliche Vernunft in den Mittelpunkt und wendet sich gegen alles vermeintlich Irrationale. Der menschliche Geist könne demnach allein durch Nachdenken und unabhängig von konkreten Erfahrungen die Gesetzmäßigkeiten des Lebens erkennen. Ich persönlich machte jedoch damals die Erfahrung, dass ich durch zu viel Nachdenken eher noch unsicherer wurde: „Cogito, ergo sumsumsum …" Mir schwirrte letztlich der Kopf vom vielen Überlegen. Immer gab es mehrere Pros und mehrere Kontras. Die Dinge waren nicht so eindeutig, wie ich es mir einzureden versuchte.

In einem Bild gesprochen: Ich erlebte mich in Entscheidungssituationen wie einen Kajakfahrer, der auf eine Stromschnelle zwischen zwei größeren Felsen zusteuerte. Sollte ich mehr nach links oder mehr nach rechts steuern? Was würde passieren, wenn ich dem einen oder dem anderen Felsen zu nahe käme? Je mehr ich meine Energie gedanklich auf die vermeintlichen Gefahren der unterschiedlichen Varianten ausrichtete, desto mehr zog es mich mal nach links und mal nach rechts. Ich wurde innerlich unsicherer und das Kajak lag nicht mehr ruhig im Wasser.

Um gut durch eine Stromschnelle zu gelangen, braucht es letztlich ein Sich-Anvertrauen. Wohin will das Wasser fließen? Die Lösung war somit ganz einfach: Nicht gegen die Bewegungen des Wassers ankämpfen, sondern mit ihnen fließen! Ein wichtiger Grundsatz in Entscheidungssituationen scheint mir daher, darauf zu achten, was sich gerade zeigt. Um mit dem, was sich zeigt, mitzugehen, statt dagegen anzukämpfen.

Und dennoch scheint es für uns Menschen oftmals sehr schwer, gute Entscheidungen zu treffen. Was macht es uns denn letztlich so schwer, uns klar und eindeutig für oder gegen etwas zu entscheiden?

Das Wort „entscheiden" leitet sich vom Verb scheiden ab. Scheiden tut weh, besagt schon ein altes Sprichwort. Damit ist ursprünglich das Abschiednehmen, das Loslassen gemeint: einen Verstorbenen loszulassen oder Abschied zu nehmen von einem liebgewonnenen Ort. Auch beim *Entscheiden* geht es darum, andere Lebensmöglichkeiten loszulassen, wenn wir eine bestimmte Option wählen. Um leben zu können, müssen wir bereit sein loszulassen. Dies beginnt schon mit der Geburt: Wir müssen die Nabelschnur loslassen, um selbst leben zu können. Entscheidungen haben immer damit zu tun, dass wir etwas gehen lassen, loslassen müssen, damit etwas anderes sein kann, sich entfalten kann.

Letztlich können wir uns aber im Leben auch nicht *nicht* entscheiden. Wenn wir uns noch nicht für einen neuen Weg entschieden haben, so haben wir uns zwangsläufig weiterhin für den alten Weg entschieden. Solange ich zögere, etwas Altes aufzugeben, um etwas Neues zu beginnen, habe ich mich weiterhin für den bisherigen Weg entschieden.

Manchen Menschen bereitet es große Schwierigkeiten, kleine Entscheidungen zu treffen, zum Beispiel ein bestimmtes Kleidungsstück zu kaufen oder einen bestimmten Urlaubsort auszuwählen. Wir leben in einer Multioptionsgesellschaft, wo uns sehr viele unterschiedliche Möglichkeiten zur Verfügung stehen, aus denen wir wählen können. Durch das Internet ist das uns zur Verfügung stehende Angebot noch um ein Vielfaches gestiegen. Wollen wir – im Sinne einer Maximalstrategie – das tollste verfügbare Brillengestell oder die vermeintlich günstigste Reisevariante zu einem bestimmten Urlaubsziel erwerben, so können wir viel Zeit und Energie darauf verwenden, um am Schluss doch enttäuscht festzustellen, dass es eine noch bessere Variante gegeben hätte. Wir haben tatsächlich oftmals die sprichwörtliche Qual der Wahl.

Um gute Entscheidungen in unserem Leben treffen zu können, brauchen wir eine gute Verbindung zu unserem seelischen Innenraum. Wir können erspüren, wann welche Entscheidung stimmig ist. Die Klarheit, die wir suchen, kommt immer zur rechten Zeit. Die Lösung für ein Problem, die wir uns erhoffen, kommt nicht zu früh und nicht zu spät. Sie kommt genau in dem Moment, in dem wir sie brauchen. Es gibt einen Kairos, eine rechte Zeit, um das Richtige zu tun. Unsere Seelen führen uns kairosartig und nicht linear. Wenn wir in unser Inneres hineinspüren, erfahren wir, ob die Zeit gekommen ist, zu gehen. Die Seele lässt uns zur rechten Zeit spüren, ob wir, da wo wir jetzt sind, noch bleiben können oder ob es Zeit zum Aufbruch ist. Wir tun gut daran, wenn wir innerlich Räume entstehen lassen, für das, was äußerlich entstehen will. Auf diese Weise finden wir Lösungen, die ein tiefes Gefühl von Stimmigkeit in uns hervorrufen.

Es ist unsere Aufgabe, an Türen zu klopfen. Welche Tür geht auf? Welche Tür bleibt verschlossen? Wo kommt etwas ins Fließen? Wo sperrt sich etwas? Wir klopfen an eine Tür und sie springt auf. Wir spüren, bei aller Verunsicherung, die in uns da sein mag: Jetzt ist die

Zeit reif, durch diese Tür zu gehen. Hinter dieser Tür wartet ein neuer Weg.

Mit dem Kairos verhält es sich wie mit einer Apfelernte: Ist ein Apfel noch nicht wirklich reif, können wir diesen dennoch mit einer gewissen Kraftanstrengung vom Ast reißen. Doch dieser Apfel ist noch grün und wird uns so mehr Bauchschmerzen bereiten als zur Nahrung dienen. Ist die Zeit der Ernte gekommen, so können wir den gereiften Apfel mit großer Leichtigkeit pflücken. Er fällt uns quasi von selbst in die Hand und schmeckt überaus köstlich. Verpassen wir den Kairos, wird der Apfel irgendwann von selbst zu Boden fallen und dort verfaulen. Ein Kleinkind kann noch nicht unterscheiden, ob denn ein Apfel reif ist oder nicht. Es braucht erst die Erfahrung des in sich selbst gereiften Menschen, um die Erntezeit zu erkennen.

So sind es unsere eigenen Erlebnisse, die durch Reflexion zur Erfahrung gereift sind, die uns helfen, in unserem Leben die Zeichen der Zeit zu erkennen. Unsere eigenen Erfahrungen helfen uns zu ahnen, intuitiv zu erfassen, ob denn beispielsweise die Zeit der Ernte oder die Zeit des Aufbruchs gekommen ist.

Letztlich können wir aber immer nur das ernten, was wir zuvor auch gesät haben. Ein Bauer, der im Frühjahr Weizen sät, wird später keinen Hafer ernten können. So ist es klug, uns frühzeitig in unserem Leben zu fragen, was wir denn später einmal ernten wollen.

Mit den folgenden Impulsfragen möchte ich Sie einladen, sich darüber bewusst zu werden, was Sie in Ihrem Leben säen und ernten möchten.

Was soll denn von Ihrem Leben eines Tages zurückbleiben? Was sollen einmal Ihre Nachfahren über Sie erzählen, wenn Sie nicht mehr da sind? Was für Samen wollen Sie in Ihrem Leben säen? Was soll am Ende Ihres Lebens über Sie gesagt oder geschrieben werden? Was wollen Sie zu Lebzeiten noch auf die Welt bringen?

Es sind dies die lebensentscheidenden Fragen, denen wir uns stellen müssen. Je bewusster und klarer wir uns damit auseinandersetzen, desto größer ist die Wahrscheinlichkeit, dass wir zur Zeit der Ernte ein volles Erntedankfest feiern können.

Ein kluger Bauer weiß jedoch, dass es zum Gelingen der Ernte zweierlei bedarf: Es ist das eigene Zutun, das Säen und das Pflegen der aufgehenden Saat. Aber es sind vor allem die größeren Kräfte der Natur, die vonnöten sind, damit es eines Tages ein wirkliches Erntedankfest geben kann. Beides ist nötig: die Bereitschaft, das eigene zu geben, sich ganz einzubringen, und auch das Vertrauen in die größeren Kräfte der Schöpfung. All unser Wirken braucht Mut und die Bereitschaft zum Scheitern. Und es bedarf des Segens von oben, der ganz entscheidend zum Gelingen der Ernte beiträgt.

So wie wir das Spielen eines Musikinstruments erlernen können, indem wir damit immer wieder üben, so können wir auch lernen, unsere Entscheidungen auf immer stimmigere Weise zu treffen. Die nachfolgende Übung des inneren Erforschens will Sie dabei unterstützen, für Ihre Entscheidungsfindung die intuitive Weisheit Ihrer Seele zu nützen.

ÜBUNG
Inneres Erforschen

Überlegen Sie sich ein einfaches, aber sehr konkretes Anliegen, das Sie in den nächsten Minuten erkunden möchten. Dies könnte zum Beispiel die Frage sein, wie Sie den kommenden Samstagabend verbringen möchten. Suchen Sie sich nun einen Ort, an dem Sie während dieser Zeit ungestört sind. Wenn Sie bereit sind, nehmen Sie sich einen Moment Zeit, um sich in Ruhe hinzusetzen, in einer Haltung, in der Sie sich ganz wohlfühlen. Wenn es für Sie in Ordnung ist, schließen Sie die Augen. Bleiben Sie zunächst für die Dauer von ein bis zwei Minuten ganz still. Anschließend sprechen Sie laut die erste Möglichkeit, die Ihnen offensteht, aus. Diese könnte etwa lauten: „Ich gehe am Samstagabend auf die Geburtstagsparty von Hans." Achten Sie dabei gut auf die Körperempfindungen, die sich bei Ihnen einstellen. Erspüren Sie, wie sich die Vorstellung dieser Möglichkeit in Ihnen anfühlt. Welche körperlichen Reaktionen, emotionalen Qualitäten oder inneren Bilder tauchen auf?
Nun sprechen Sie laut die zweite Möglichkeit aus. Diese könnte zum Beispiel lauten: „Am Samstagabend bleibe ich zuhause und lese den bereits begonnenen Roman zu Ende." Erfühlen Sie wiederum die Resonanz auf das Gesagte in Ihrem Körper. Welche Körperempfindungen, Gefühle, Bilder tauchen dazu auf?
Abschließend prüfen Sie, welche gefühlte Resonanz für Sie stimmiger erscheint, und welche Konsequenz dies für Ihre Entscheidung haben darf.

AUFWECKEN und AUFHÖREN

Träume sind der Königsweg zur menschlichen Seele.
NACH SIGMUND FREUD

Schlafstörungen sind für zunehmend mehr Menschen ein ernsthaftes Problem. Oft ist es dabei nicht die Schlafstörung an sich, sondern eher die damit einhergehende Einstellung und der Umgang mit der Schlafstörung, die schließlich zum eigentlichen Problem werden.

Die wirkliche Aufgabe besteht nämlich darin, ein echtes Verständnis für die Schlafschwierigkeiten – sprich für die Botschaften unserer Seele – zu bekommen, statt sie bloß bekämpfen und weghaben zu wollen.

Selbstverständlich ist es wichtig, zunächst ärztlich abzuklären, ob eine organische Ursache oder eine psychische Erkrankung ursächlich für die Schlafstörung ist und ob deswegen entsprechende Maßnahmen eingeleitet werden müssen. Darüber hinaus braucht es aber die Bereitschaft, tiefer verstehen zu wollen, wofür die Schlafstörung auch gut sein könnte. In den allerallermeisten Fällen sind Schlafstörungen Versuche unserer Seele, uns Hinweise für unser aktuelles Leben zu geben. Die Seele geht wie ein Bote durch unseren Schlaf und will uns aufwecken, um uns aufhorchen zu lassen. Wir sollen aufhorchen! Wir sollen aufhören! Auf welche seelische Botschaft sollen wir denn hören? Mit was sollen wir womöglich tatsächlich aufhören, weil uns in unserer aktuellen Lebenssituation eine Veränderung guttäte?

Um die nächtlichen Botschaften unserer Seele besser zu verstehen, können folgende Impulsfragen hilfreich sein:

Woran habe ich in dem Moment gedacht, als ich im Bett lag und nicht einschlafen konnte oder wieder aufgewacht bin? Was ist der Tagesrest, der noch seelisch bearbeitet werden musste? Worüber habe ich mich heute geärgert? Was hat mich verletzt? Welche Sorgen lassen mich nicht zur Ruhe kommen? Was wird mir gerade zu viel? Welche Befürchtungen treiben mich derzeit um? Welche Sorgen wachsen mir gerade über den Kopf? Welche kleinere oder größere Veränderung steht in meinem Leben derzeit an? Gibt es einen Menschen, dem ich mich anvertrauen möchte?

Sind wir tagsüber sehr beschäftigt, kommen wir oft gar nicht dazu, uns Zeit für unser Innerstes zu nehmen. Wir laufen womöglich Gefahr, die Botschaften unserer Seele durch unser tatsächliches oder gedankliches Beschäftigtsein zu ignorieren. So bekommt unsere Seele womöglich erst nachts, wenn unsere kognitive Abwehr ermüdet, eine Chance, unser Gehör zu finden. Unsere Seele kann sich uns nachts leichter mitteilen, da die Verteidigungslinien unseres Ego-Verstandes nun durchlässiger geworden sind. Im Schlaf sind wir berührbarer geworden.

Sind Sie offen für die Berührungen Ihrer Seele, können Sie es nun leichter wertschätzen, dass Sie gerade wachliegen und mit sich selbst in Kontakt sind. Sie haben dadurch die Chance, ganz zu werden, heil zu werden. Weil Sie nicht nur den begrenzten Aspekt Ihres tätigen und denkenden Menschseins, sondern nun auch den seelisch-berührbaren Menschen erfahren.

Vergegenwärtigen Sie sich, dass Ihre Seele sich nur in allerbester Absicht zu Wort meldet. Sie möchte Ihnen eine Hilfestellung anbieten. Wir können diese Hilfestellung aber nur erfahren, wenn wir mit unserer Seele in Kontakt sind. Deswegen möchte Ihre Seele Sie aufwecken, um mit Ihnen in Verbindung zu sein, damit Sie *aufhören* können: auf das hören können, was für Sie jetzt wichtig ist.

Neben Schlafstörungen sind es aber vor allem Träume, mittels derer sich unsere Seele nachts bemerkbar machen möchte. Schon Sigmund Freud hat die Träume als den Königsweg der Seele bezeichnet. Nach C.G. Jung treten wir im Traum in den tieferen, allgemeineren, den wahren, ewigen Menschen ein, der wir wesenhaft sind. Wir selbst müssen gar nichts tun. Einzig und allein unsere Offenheit und unser wirkliches Interesse genügen, um etwas über unsere aktuelle Lebenssituation, über unsere innersten Fragestellungen, unsere Ängste, unsere Sehnsüchte zu erfahren. „Empfange die Botschaft!", ruft uns die Seele im Traum zu.

An dieser Stelle darf ich Ihnen mit dem expliziten Einverständnis einer ehemaligen Patientin einen für sie sehr wichtigen Traum schildern:

Vor drei Jahren hatte sich Sabines Ehemann nach 28-jähriger Beziehung von ihr getrennt. Dieser Schock hatte Sabine regelrecht den Boden unter den Füßen weggezogen. Seither hatte sie das Gefühl, dadurch alles, was ihr bisher wichtig gewesen war, verloren zu haben. Es fehlte ihr an Vertrauen, an Geborgenheit, an Lebensmut. Obwohl sie eigentlich wusste, dass ihre Ehe definitiv zerbrochen war, konnte sie noch immer nicht loslassen und blockierte sich dadurch selbst.

In der ersten Nacht in der Klinik hatte Sabine folgenden Traum: Sie befindet sich auf einem Open-Air-Konzert. Eine große, weite Wiese ist mit vielen bunten Picknickdecken übersät. Sie selbst sitzt auf einer grauen Decke, in deren Gewebe sich unzählige kleine Glasscherben befinden. Mit blutigen Fingern versucht sie, diese vielen Scherben aus dem feinen Stoff der Decke zu klauben. Es ist ein hoffnungsloses Unterfangen. Immer stärker beginnen ihre Finger zu bluten. Wie aus einem Lautsprecher ertönt urplötzlich eine Stimme, die sie bei ihrem Namen ruft und sie auffordert, aufzustehen und die Decke mit den Scherben zusammenzufalten. Erst jetzt kann sie sehen, wie viel schöne Dinge es ringsumher gibt. Sie hört eine Stimme, die ihr zuruft: „Tanze, singe, freue dich!"

In der Nachbesprechung des Traumes wird Sabine klar, wie eindeutig der Ruf ihrer Seele an sie war, loszulassen und wieder neu am Fest des Lebens teilzunehmen. Sie beschließt, eine kleine Zeremonie zu entwickeln, in der sie ein graues Tuch voller Scherben einpackt, um anschließend auf einem bunten Tuch zu tanzen. Schließlich kann sie freudestrahlend sagen: „Ich spüre, es hat sich in mir etwas Grundsätzliches verwandelt. Ich fühle, wie frei ich wieder bin. Ich kann tatsächlich wieder so etwas wie Lebensfreude empfinden. Ich bin meiner eigenen Seele so sehr dankbar, dass sie mir diese Klarheit geschenkt hat."

Lassen Sie sich ermutigen, neugierig und offenen Herzens Ihren eigenen Träumen zu begegnen. Vielleicht wollen Sie sich ein Traumtagebuch anlegen oder einen Zettel an das Nachttischchen legen, auf dem Sie sich beim Aufwachen Notizen Ihrer Träume machen können? Sie signalisieren dadurch Ihrer Seele, dass Sie bereit sind, ihre Botschaften zu empfangen. Vertrauen Sie darauf, dass Sie dadurch ganz werden, heil werden, da Sie in Verbindung mit Ihrem Innersten treten. Vergegenwärtigen Sie sich: Ihre Seele will nur das Allerbeste für Sie. Sie dürfen ihr ganz und gar vertrauen.

ÜBUNG
Traumtagebuch

Besorgen Sie sich ein kleines Heft, in dem Sie Ihre Träume notieren. Manche Ihrer Träume wirken vollständig. Geben Sie diesen eine Überschrift, die die zentrale Botschaft Ihres Traumes ausdrückt.
Sollten Sie den Eindruck haben, dass ein Traum abrupt geendet hat und die Lösung noch nicht sichtbar war, so erlauben Sie sich, diesen Traum selbst zu einem guten Ende zu führen. Endet ein Traum zum Beispiel damit, dass Sie aufwachen und in einem Verließ eingeschlossen sind, dürfen Sie sich selbst ein Happy End dazu imaginieren, an dessen Ende Sie den Ihnen gemäßen Platz gefunden haben.
Sie dürfen eine stimmige Lösung finden, wenn der Traum wie eine offene Gestalt auf Sie wirkt. Schließen Sie kraft Ihrer Imagination diese Gestalt.

So ein ZUFALL!?

Der Zufall begünstigt nur einen vorbereiteten Geist.
LOUIS PASTEUR

Es wird berichtet, dass der berühmte französische Chemiker und Mikrobiologe Louis Pasteur die Struktur des Benzolrings geträumt haben soll, und dieser Traum habe Pasteur dann letztlich zu dessen wissenschaftlicher Entdeckung geführt. Es gibt eine Reihe weiterer bekannter Entdeckungen, die nur aufgrund eines glücklichen Zufalls zustande gekommen sind, dazu gehört zum Beispiel auch die Entdeckung der Röntgenstrahlen und des Penicillins.

Vielleicht kennen Sie in Ihrem eigenen alltäglichen Leben Ereignisse, die Ihnen sonderbar zufällig vorkommen und für die Sie keine rechte rationale Erklärung finden konnten. So ist Ihnen womöglich auch schon passiert, dass Sie an einen Freund gedacht haben, von dem Sie schon lange nichts mehr gehört haben – und just an diesem Tag ruft er Sie an.

C. G. Jung hat aufgrund vielfältiger Beobachtungen mit seinen Patientinnen und Patienten den Begriff der Synchronizität eingeführt. Er verstand darunter unleugbare, beobachtbare Ereignisse in der äußeren Welt, die eng mit innerseelischen Erlebnissen verknüpft sind. Beide treten in unmittelbarer zeitlicher Nähe auf. Die Verbindung dieser Ereignisse geht in ihrer Intensität so weit, dass sie nicht nur als bloße Zufälle abgetan werden können.

Auch ich habe dieses Phänomen schon oftmals beobachtet und möchte Ihnen zwei Beispiele nennen, die mich persönlich sehr berührt haben, ja sogar ehrfürchtiges Staunen in mir hervorgerufen haben.

So erinnere ich mich an einen jungen Mann, der aus einem kleinen 300-Seelen-Dorf in Nordrhein-Westfalen nach Oberstdorf in unsere psychosomatische Klinik zur Behandlung kam. Just an diesem Tag reiste eine andere neue Patientin an, die ebenso aus diesem Dorf stammte. Zudem war es ausgerechnet jene Person, mit der dieser junge Mann einen nicht unerheblichen Konflikt hatte, der mitverantwortlich war für seine Depression. Beide waren fassungslos, als sie bemerkten, dass sie genau am gleichen Tag in eine 700 Kilometer von ihrem Heimatort entfernt gelegene Klinik aufgenommen werden sollten.

Der junge Mann wollte sofort wieder abreisen, da dies in seinen Augen „eine Zumutung sondergleichen war", genau mit dieser Person zeitgleich hier im Hause zu sein. Er beschwerte sich darüber und fragte, wieso uns dies nicht aufgefallen sei und wieso wir dies nicht verhindert hätten. Ich erklärte ihm, dass dieses Zusammentreffen mit seiner Bekannten über solch eine große Distanz hinweg doch ein sehr, sehr sonderbarer Zufall sei, und bot ihm folgende Überlegung an: Könnte es vielleicht sein, dass dabei eine Art „Höhere Intelligenz" Regie führte, und es genau so wollte, dass sie beide zeitgleich hier in der Klinik sein sollten? Ich bat ihn, diese Perspektive probeweise einzunehmen und sich auf die Behandlung hier im Hause einzulassen.

Am Ende seines Aufenthaltes berichtete mir der junge Mann, wie außergewöhnlich seine Erfahrung in der Klinik rückblickend gewesen sei. Er habe offenbar genau die Anwesenheit der besagten Mitpatientin benötigt, um auf eine tiefere Weise Heilung zu erfahren. Er sei dem Leben zutiefst dankbar, dass es so gefügt worden sei und er dank dieses „Zufalls" genau das bekommen habe, was er gebraucht hatte.

In unserer Klinik sprechen wir in diesem Zusammenhang gerne von einem Therapiegeschenk. Was ist damit gemeint? Scheinbar rein zufällig passieren unvorhergesehene Dinge, die wir nicht bestellt haben und die unser Ego auch nicht wollte. Das *Fällige* kommt quasi auf uns *zu*. Wir können uns dagegen auflehnen oder die Situation eben als ein Therapiegeschenk betrachten. Aus einer Haltung der seelischen Offenheit heraus können wir uns fragen: „Was will das Leben mir dadurch zeigen?" In der Rückschau erkennen wir oftmals, wie sehr dieses Ereignis auf besondere Weise jemandem in seinem Prozess gedient hat. Auf einer rationalen Ebene sind solche Prozesse oftmals schwer zu verstehen. Auf einer seelischen Ebene ermöglichen sie jedoch immer wieder kleinere oder größere „Wunder".

Von eben einem solchen Wunder handelt auch die zweite Begebenheit, die ich Ihnen an dieser Stelle erzählen möchte.

Im Sommer des vergangenen Jahres kam eine Lehrerin in den mittleren Jahren zu uns. Ihre erwachsene Tochter Susanne hatte vor kurzen Suizid begangen. Martina machte sich schwere Vorwürfe, den Tod der 23-jährigen

Tochter nicht verhindert zu haben: „Was habe ich nur falsch gemacht? Hätte ich doch nur ...! Was wäre gewesen, wenn ...!" Sie und ihr Mann sowie ihre älteste Tochter Eva hatten die drohende Katastrophe zwar kommen sehen, konnten sie aber letztlich nicht verhindern. Auch nach sechs Wochen Behandlung quälte sich Martina noch immer mit ihren Schuldgefühlen, wenngleich sie insgesamt wieder mehr Stabilität in sich spürte. Dennoch war klar, dass sie das schlimme Ereignis noch nicht wirklich bewältigt hatte.

Ein Jahr später traf ich Martina anlässlich unseres alljährlichen Ehemaligentreffens wieder. Sie kam freudestrahlend auf mich zu, ihre Augen leuchteten. Ich war tief gerührt, sie so glücklich zu sehen.

Martina berichtete mir, was in der Zwischenzeit geschehen war: Nach dem Klinikaufenthalt waren zuhause die quälenden Fragen in Bezug auf ihre verstorbene Tochter wieder sehr präsent. Sie flehte um ein äußeres Zeichen, dass es ihr – wo auch immer sie jetzt war – gut ergehen würde. Konkret wünschte sie sich als Zeichen einen schneeweißen Vogel, der sie besuchen kommen würde, wissend, dass sie noch nie an ihrem Heimatort einen solchen Vogel gesehen hatte. Bei ihrem nächsten Spaziergang am Ufer des nahen Flusses begegnete ihr ein schneeweißer Reiher. Es war ihr, als ob er der ersehnte Bote sei. Über Wochen hinweg schien er immer, wenn sie am Flussufer spazieren ging, auf sie zu warten, so als ob er ihr sagen wollte: „Susanne geht es gut."

Dann geschah das nächste *wunder*same Zeichen. Eva, die ältere der beiden Töchter, die bisher davon ausgegangen war, selbst niemals Kinder bekommen zu können, wurde schwanger. Der errechnete Geburtstermin war exakt Susannes Geburtstag. „Ich bin mir sicher, Susanne hat mitgeholfen", berichtete mir die werdende Großmutter. „Jetzt kann ich wirklich ganz im Frieden sein mit dem, was geschehen ist. Diese Zeichen des Himmels haben mir das geschenkt, was kein Mensch mir hätte geben können. Ich bin so dankbar."

Diese Erfahrungen von Martina gingen mir regelrecht unter die Haut. Noch immer bin ich tief berührt. Ja, es gibt Dinge zwischen Himmel und Erde, die die Möglichkeiten unseres Verstandes übersteigen. Es sind Ereignisse, die uns auf einer seelischen Ebene ergreifen wollen. Solche Momente sind dazu angetan, uns staunen zu lassen, uns Demut empfinden zu lassen und unsere Ehrfrucht vor dem Mysterium Leben wachsen zu lassen.

ÜBUNG
Momente sammeln

Ich lade Sie ein, sich ein gemütliches Plätzchen zu suchen. Vielleicht wollen Sie sich eine Tasse Tee gönnen? Lassen Sie Ihrer Seele Zeit und Raum, sich zu erinnern, wo Sie in Ihrem bisherigen Leben Momente des Staunens erfahren haben. Welche Momente haben in Ihnen eine Ehrfurcht vor dem Leben hervorgerufen? Welche „Zufälle" sind Ihnen schon widerfahren? Gibt es vielleicht sogar kleinere oder größere „Wunder", die Ihnen bereits begegnet sind. In welchen Situationen haben Sie eine tiefe

Dankbarkeit oder eine große Demut in Ihrem Herzen verspüren dürfen? Es sind dies ganz sicher Momente, in denen Sie mit Ihrer eigenen Seele und der großen Weltenseele in besonderer Verbindung standen.

SELBST- STATT FREMDBESTIMMT LEBEN

(Ge)Horche und folge

Eine kürzlich veröffentlichte Studie der Universität Emory hat mit verschiedenen Verhaltensexperimenten an 14 bis 24 Monate alten Kleinkindern auf sich aufmerksam gemacht. Das Untersuchungsergebnis lautete zusammengefasst, dass bereits Kleinkinder in diesem Alter um ihren Ruf, das heißt das, was andere über sie denken, besorgt sind. Die Kinder passten ihr Verhalten flexibel und strategisch an ihre Umwelt an, je nachdem, wofür sie vermeintlich Anerkennung bekamen oder eben nicht. Andere Studien hatten zuvor bereits ergeben, dass das Wertesystem von Drei- bis Fünfjährigen wesentlich durch die Reaktionen der Eltern und anderer wichtiger Bezugspersonen geprägt wird.

Als Kinder ist es von Anfang an unser tiefstes Bedürfnis, von unseren Eltern geliebt und angenommen zu werden. Dies ist einleuchtend, denn nur dadurch, dass sich andere um uns kümmern, sind wir als Kinder überhaupt überlebensfähig. Wir brauchen über viele Jahre hinweg die Zuwendung unserer Eltern oder anderer fürsorglicher Bezugspersonen, um überhaupt in die Lage zu kommen, uns eines Tages selbstständig zu versorgen. So gesehen ist Bindung und Zugehörigkeit *das* Urbedürfnis von uns Menschen.

Doch schon früh machen wir bisweilen die schmerzliche Erfahrung, dass unsere Eltern und unsere soziale

Umwelt uns mit ihren Erwartungen an uns und ihren persönlichen Vorstellungen über uns konfrontieren. Als Kinder sind wir der festen Überzeugung, diesen gerecht werden zu müssen, um geliebt und angenommen zu sein. Nach deren Bild sollen wir uns entwickeln, nicht nach unseren eigenen Wünschen und Sehnsüchten. Schließlich sollen wir ja funktionieren, sollen den Erwachsenen Freude bereiten, sollen ein anständiges, fleißiges und braves Familienmitglied werden.

Kinder können nicht anders, als ihre Eltern zu lieben und deren Anerkennung zu suchen. Im Grunde genommen ist es jedoch die Aufgabe der Erwachsenen, zu prüfen, ob sie wirklich Eltern werden wollen und ihre Kinder auch lieben und annehmen können, als die Menschen, die sie nun einmal sind. So gesehen ist es nicht die Verantwortung der Kinder, durch Erfüllung elterlicher Vorstellungen diese vom eigenen Gutsein, der eigenen Liebenswürdigkeit zu überzeugen.

Und doch geschieht genau das während der ersten Lebensphase, die wir gewöhnlich Erziehung nennen. Die Kleinen und Kleinsten entwickeln ganz früh Antennen, mit denen sie erkunden, wie denn die Welt da draußen um sie herum tickt: „Wofür werde ich geliebt beziehungsweise belohnt? Wofür werde ich mit Liebesentzug oder fehlender Anerkennung bestraft?"

Wir gehorchen also den äußeren Stimmen von Eltern, Erziehern, Schule und folgen ihren Erwartungen, soweit es uns möglich erscheint.

„Gehorche und folge!" ist somit ganz früh zur unbewussten Gangart unseres Lebens geworden.

Wie sehr uns diese innere Grundhaltung auch als Erwachsene noch prägen kann, zeigen unsere Gedanken, die da beispielsweise wären: „Was sollen die anderen (Nachbarn, Verwandte, Kollegen, Freunde) von mir denken, wenn ich …", „Was werden die anderen über mich sagen, wenn ich …", „Ich kann doch meinen Nachbarn, Verwandten, Kollegen, Freund nicht enttäuschen …", „Das macht man halt so …", „Das wird halt von mir erwartet …", Ich muss …".

Unser Selbstwert und unsere Verhaltensmuster sind sehr von dem geprägt, was man über uns denkt, was man von uns erwartet beziehungsweise welche Leistungen von uns erwünscht werden.

Gerade in Zeiten einer zunehmenden gesellschaftlichen Verunsicherung und Orientierungslosigkeit suchen nicht nur Heranwachsende, sondern auch Erwachsene im Außen Halt und Orientierung. Nicht anders kann ich mir das Verhalten von unzähligen Social-Media-Nutzern erklären, die zunehmend anderen Personen, sogenannten Influenzern, erlauben, ihnen zu sagen, was sie denn als Follower zu tun oder zu lassen haben. Diese Meinungsmacher wollen uns dazu animieren, bestimmte Produkte zu kaufen, Überzeugungen anzunehmen oder uns bestimmten politischen Richtungen anzuschließen. Wir tun, was gerade „in" ist, um ja dazu zu gehören und nicht ausgeschlossen zu werden. So werden wir zu fremdgesteuerten, manipulierbaren Bürgern. Wir wollen nach außen ein Bild von uns abgeben, dem wir innerlich gar nicht entsprechen, und übernehmen Rollenaufträge, die nicht zu uns passen.

So musste ich schmunzeln, als ich neulich in der Zeitung davon las, wie urplötzlich ein verschlafener Berggasthof in den Schweizer Bergen hoffnungslos von Selfie-Touristen überrannt wurde. Auslöser war der Tweet eines amerikanischen Sängers, der diesen Ort als sein persönliches „secret hideaway" bezeichnet hatte.

Kürzlich teilte mir eine 46-jährige Patientin, die aufgrund einer Erschöpfungsdepression in unserer Klinik behandelt wurde, gegen Ende ihrer Therapie Folgendes mit:

Das Wichtigste, was ich hier verstanden habe, ist, dass ich bisher ein falsches Leben gelebt habe. Ich habe das Leben meiner Eltern gelebt – und nicht mein eigenes. Sie haben mir beigebracht, dass es im Leben darum geht, möglichst viel zu arbeiten. Sie selbst haben sich im wahrsten Sinne des Wortes aufgearbeitet. Sie konnten ihren wohlverdienten Ruhestand nicht mehr genießen, da sie beide bereits Anfang 60 verstorben sind. Auch wenn ich mich äußerlich gegen ihre harte, kaltherzige Erziehung gewehrt habe, so habe ich doch innerlich ihren tiefsitzenden Glaubenssatz übernommen: Leben = Arbeiten. Meine Eltern sind schon tot, aber bis heute haben ihre Botschaften in mir fortgelebt. Ich war der tiefen Überzeugung, ich müsse immer 150 Prozent Einsatz bringen, um zu genügen. Ich selbst habe mich dadurch permanent angetrieben. So, als ob ich nichts wert wäre, wenn ich nichts zu tun hatte.

Durch die Therapie habe ich nun wieder den Kontakt zu meiner Seele gefunden. Ich weiß nun: „Ich bin wertvoll, auch wenn ich nichts leiste." Das fühlt sich wie eine große Befreiung an. Ich kann jetzt entscheiden, wie ich wirklich leben will. Ich

war so weit weg von mir, doch jetzt habe ich wieder den Weg zu mir gefunden.
Ich habe alles getan, um anderen zu gefallen. Jetzt will ich mir selbst gefallen. Ich möchte, dass mir fortan mein Leben selbst gefällt."

Erwachsen zu werden, bedeutet im Grunde genommen, nicht nur körperlich größer und biologisch älter zu werden, sondern in unseren Möglichkeiten geistige Einsichten zu gewinnen, zu wachsen. So können wir auf eine zunehmend reife Weise selbstfürsorglich und selbstverantwortlich handeln.

In der Kindheit war es wesentlicher Teil unserer Überlebensstrategie, unsere Antennen nach außen zu richten, um zu verstehen, was die Welt da draußen von uns erwartet. Als Erwachsene geht es jedoch mehr darum, unsere Antennen auch nach innen zu richten – um zu erfahren, wie unsere Bedürfnisse und unsere eigenen Vorstellungen eines gelingenden Lebens aussehen und wie wir diese mit der äußeren Wirklichkeit in Einklang bringen können. Wenn wir erwachsen werden, werden aus den Kleinen von damals die Großen von heute. Wirkliche Größe braucht aber den Mut, die leise Stimme in uns zu hören, die um unsere Bedürfnisse, unsere Sehnsüchte und unsere Werte weiß. Wirklich große Menschen, zu denen wir vielleicht als Vorbilder aufblicken, sind diejenigen, die ihrer eigenen inneren Stimme folgen und somit ihre eigene *Bestimmung* leben. Sie führen ein stimmiges Leben.

Haben wir als Kinder also noch gelernt, auf die Erwartungen und Vorstellungen anderer zu hören und ihnen zu gehorchen, so ist es umgekehrt für uns als reife, erwachsene Menschen nun unsere Aufgabe, auf unser Inneres, auf unsere Seele zu hören und der Stimme unserer Seele zu folgen.

Statt „Gehorche und folge" ist nun eine neue Gangart möglich, die da lautet: Horche und folge.

Horche nach innen.

Horche auf deine innere Weisheit. Lausche dem Flüstern deiner Seele.

Was will sie dir sagen? Was willst du im Leben wirklich? Somit ist der Weg frei von einem fremdbestimmten hin zu einem selbstbestimmten Leben, von einem oberflächlich-äußerlichen Leben zu einem inwendig-tiefen Leben. Die Verbindung zu unserer Seele hilft uns, wahrhaft wir selbst zu sein und uns nicht nur als Ergebnis unserer alten Konditionierungen zu erleben.

Gönnen Sie sich daher immer wieder Zeiten des Innehaltens, um das, was Sie von innen her hält, auch wahrnehmen zu können.

> Vor lauter Lauschen und Staunen
> sei still, du mein tieftiefes Leben;
> dass du weißt, was der Wind dir will,
> eh noch die Birken beben.
> Und wenn dir einmal
> das Schweigen sprach,
> lass deine Sinne besiegen.
> Jedem Hauche gib dich, gib nach,
> er wird dich lieben und wiegen.

Und dann meine Seele sei weit, sei weit,
dass dir das Leben gelinge,
breite dich wie ein Feierkleid
über die sinnenden Dinge.

RAINER MARIA RILKE

Geld oder LEBEN

Das Glück wohnt nicht im Besitze und nicht im Golde,
das Glücksgefühl ist in der Seele zuhause.

DEMOKRIT

Es ist nun schon über 30 Jahre her, dass sich in der Bank, in der ich eine Ausbildung zum Bankkaufmann absolviert hatte, ein Raubüberfall ereignete. Ich selbst war an diesem Tag – Gott sei Dank – in der Berufsschule, als sich mein Kollege beim morgendlichen Betreten der Bankfiliale einem maskierten Mann mit Pistole gegenübersah. „Geld oder Leben?" war die Frage, vor die er gestellt wurde. Es war mein Alptraum als junger Bankkaufmann, Opfer eines Raubüberfalls zu werden und sich mit einer solch lebensbedrohlichen Situation konfrontiert zu sehen. Richtigerweise entschied sich mein Kollege für das Leben und händigte ohne Anstalten zu machen dem Bankräuber das ganze Geld aus dem Tresor aus. Dieser Überfall beschäftigte mich damals emotional sehr, konnte mir doch als Schalterangestellter im Prinzip das Gleiche jeden Tag selbst passieren.

Ich hatte diese Episode inzwischen längst vergessen, als mir in der jüngsten Vergangenheit bewusst wurde, dass wir alle tagtäglich im Prinzip vor diese Frage gestellt werden: Geld oder Leben? Wofür entscheiden Sie sich?

Leben wir doch in einer sehr materialistischen Welt. Wohlstand, Konsum, Reichtum scheint uns allen sehr erstrebenswert. Neulich fuhr ich an einem großflächigen Werbeplakat vorbei. Darauf war ein Golfspieler in einem Schlosssaal zu sehen und darunter die Aufforderung: „Finden Sie Ihr Glück, spielen Sie Lotto." Uns wird also suggeriert, wenn wir nur genug Geld hätten, wären wir folglich glücklicher. Und tatsächlich strengen wir uns an, arbeiten viel, lassen uns hetzen, um ja genug Geld zu verdienen. Doch genug ist nie genug. Bedenken wir eigentlich, welchen Preis wir dafür bezahlen?

Wir stehen immer wieder neu vor der Wahl. Wir können nicht alles haben. Wir müssen uns entscheiden.

Bitte nehmen Sie sich einen Moment Zeit, um folgende Fragen auf sich wirken zu lassen:
Wie wichtig ist Ihnen Materielles? Wie viel sind Sie bereit, für Konsum, Wohlstand zu opfern? Was ist Ihnen wirklich wichtig? Was stillt Ihren inneren Hunger?

Letztlich haben wir hier auf Erden nur eine sehr begrenzte Zeit, die uns zur Verfügung steht. Unsere wettbewerbsorientierte, auf Leistung getrimmte Gesellschaft macht uns glauben: Zeit ist Geld und Geld ist Anerkennung. Wer hätte denn nicht gerne noch mehr Anerkennung!? Kann es aber sein, dass wir mehr arbeiten, als uns guttut, um Dinge zu kaufen, die wir letztlich gar nicht wirklich brauchen, um Menschen zu beeindrucken, die uns nicht wirklich wichtig sind? Verwechseln wir womöglich Anerkennung mit Liebe? Wir sehnen uns nach Liebe und hoffen, über noch mehr Anerkennung unser Liebesdefizit auffüllen zu können.

Leben wir nach dem Motto „Zeit ist Geld", opfern wir womöglich viel Lebensqualität, da wir Gefahr laufen, in dauerhaft anhaltenden Stress zu geraten, uns getrieben zu fühlen und nicht wirklich zur Ruhe zu kommen. Schließlich könnte man immer noch mehr arbeiten, um noch mehr Geld zu verdienen, um noch tollere Produkte zu kaufen, ein noch größeres Auto zu fahren und einen noch teureren Urlaub zu machen. Aus der Glücksforschung ist jedoch bekannt, dass mit mehr materiellem Wohlstand das subjektive Glücksempfinden nicht in gleicher Weise zunimmt. Offenbar täuschen wir uns, indem wir glauben, wir wären glücklicher, wenn wir mehr tun, mehr leisten oder mehr besitzen würden.

Leben wir in einer rein materiellen, seelenlosen Welt, droht die Gefahr, dass Werte wie Solidarität, Verbundenheit und Zusammenhalt verloren gehen. Unsere Gesellschaft braucht beseelte Menschen. Menschen, die verbunden sind, die in Demut und Dankbarkeit das Wunder des Lebens empfangen und zum Geschenk für andere werden. Wir sind aufgerufen, uns wieder um unsere Seele zu sorgen, damit wir als individuelle Menschen, aber auch als Gesellschaft keinen Schaden nehmen. Wir brauchen Zeiten und Räume, in denen wir uns damit beschäftigen, was uns verbindet, was uns innere Kraft gibt und uns hilft, auf eine beseelte Weise uns den wichtigen Fragen des persönlichen Lebens und des Zusammenlebens zu stellen. Unser Miteinander droht sonst an individuellem Stress, Entmenschlichung, Überforderung, fehlendem zwischenmenschlichen Halt, mangelnder Unterstützung und Lieblosigkeit zu zerbrechen. Wir brauchen mehr Herz füreinander, um gemeinsam in Würde leben zu können.

Eine aktuelle Umfrage der Deutschen Versicherer, in der die „Generation Mitte" (also die Dreißig- bis Sechzigjährigen) nach ihrem Lebensgefühl, ihren Werten und ihren Prioritäten gefragt wurde, scheint dies zu bestätigen: Viele machen sich Sorgen um den abnehmenden Zusammenhalt in unserer Gesellschaft. Sie empfinden die gesellschaftliche Entwicklung als zunehmend materialistischer, egoistischer und intoleranter. Die Tendenz, sich zurückzuziehen, sich weniger zu engagieren, sich zu entsolidarisieren scheint zuzunehmen. So, als ob die Menschen ihre seelische Verbundenheit verlieren würden. Werden wir als Gesellschaft zwar wohlhabender, aber dadurch auch rücksichtsloser und gleichgültiger?

Neulich las ich in der Zeitung einen Bericht darüber, dass die Deutschen noch nie so reich waren wie heute. Um den materiellen Wohlstand war es in diesem Land offenbar noch nie so gut bestellt wie heute. Auf der darauffolgenden Seite war ein Artikel zu lesen, dass ein Gaffer sich bei einem Autounfall tatsächlich Zugang zu einem Krankenwagen verschafft hatte, um von einem Schwerverletzten, der kurz danach im Krankenhaus verstarb, noch ein Foto zu schießen. Zunächst war ich über ein so seelenloses Verhalten empört. Als ich mir jedoch den Menschen, der ein solches Foto aufnehmen wollte, vorstellte, wurde ich seltsamerweise regelrecht traurig. Welch innere Leere musste dieser Mensch in sich verspüren, dass er durch solch ein Verhalten ein wenig Abenteuer oder etwas mehr Lebendigkeit in sein womöglich von Langeweile geprägtes Leben bringen musste? Basiert nicht die Lust an der Sensation und die Gier nach dem Besonderen auf einer inneren Leere? Ist das Leben innerlich leer, so kann kein materieller *Wohl*stand diesen inneren *Hohl*stand füllen. Manch ein Mensch muss in seinem Leben immer wieder unbewusst Dramen inszenieren, um sich dadurch lebendiger zu fühlen. Erst dadurch kann er sich spüren.

Wir verwenden so viel Energie auf unseren äußeren Besitz, um das Leben äußerlich schön erscheinen zu lassen, und verlieren darüber das Kostbarste, was wir haben: unsere Seele. Ein Sprichwort besagt: Zuerst baut der Mensch das Haus, dann baut das Haus den Menschen. Das, was wir zu besitzen trachten, besitzt letztlich uns. Wie besessen arbeiten viele, um ihr schönes Häuschen abzuzahlen. Werden wir nicht oftmals zu Sklaven unseres eigenen Besitztums, der gepflegt und gewartet werden will? Wie viele Menschen fühlen sich durch Konsum und einen Überfluss an Dingen letztlich nur zugemüllt statt erfüllt? Das Leben erscheint äußerlich prall, doch innerlich ist es ganz leer. Welchen Werten jagen wir nach? Äußeren Werten, die wir in Geldeinheiten messen können? Oder sind es innere Werte, die uns letztlich Halt und wirkliche Sicherheit schenken?

Wenn wir auf die Frage „Geld oder Leben?" immer mit „Leben!" antworteten, was würde das bedeuten für uns selbst, aber auch für unser gesellschaftliches Miteinander?

Mögen Sie selbst immer die innere Kraft und Freiheit verspüren, sich im Zweifelsfall für das Leben, für *Ihr* Leben zu entscheiden!

Um Sie darin zu unterstützen, sich Ihrer innersten Werte bewusst zu werden, lade ich Sie ein, sich Zeit für die folgende Übung zu nehmen. Indem Sie Ihr eigenes Leben aus der Perspektive der Endlichkeit betrachten, kann es Ihnen leichter fallen, Ihre wahren Werte besser kennen zu lernen.

ÜBUNG
Das Sterbebett

Stellen Sie sich vor, dass Ihre irdische Zeit abgelaufen ist und Sie auf Ihrem eigenen Sterbebett liegen. Was würde Ihnen in der Rückschau wirklich bedeutsam erscheinen? Was würden Sie womöglich bedauern, getan oder nicht getan zu haben? Wer soll noch zu Ihnen kommen? Was sollten diese Menschen Ihnen sagen?

An dieser Stelle möchte ich Ihnen noch die meistgenannten Wünsche am Sterbebett zukommen lassen, wie sie im Buch der Palliativkrankenschwester Bronnie Ware, „Fünf Dinge, die Sterbende am meisten bereuen", zusammengefasst sind:

Wünsche am Sterbebett

Ich wünschte, ich hätte den Mut gehabt,
mein eigenes Leben zu leben, statt mich
nach den Erwartungen anderer zu richten.
Ich wünschte, ich hätte nicht so viel gearbeitet,
und mehr Zeit damit verbracht, was in
meinem Leben wirklich wichtig war.
Ich wünschte, ich hätte den Mut gehabt,
meine Gefühle auszudrücken und mich
anderen Menschen offen zu zeigen.
Ich wünschte, ich hätte den Kontakt zu
Freunden aufrechterhalten und mehr Zeit
mit ihnen verbracht. Ich wünschte,
ich hätte mir erlaubt, glücklicher zu sein.

Lass die SEELE dein NAVI sein!

Bis man sich verpflichtet hat, zögert man,
läuft man Gefahr, einen Schritt rückwärts
zu machen, ist man immer wirkungslos.

Es gibt eine elementare Wahrheit, die auf alle
Initiativen und Schöpfungen zutrifft und deren
Unkenntnis zahllose Ideen und prächtige Pläne
zugrunde richtet.

In dem Augenblick, in dem man sich unumstößlich
verpflichtet, tritt auch die Vorsehung in Erscheinung.

Alle möglichen Dinge ereignen sich, um einem zu helfen, die sich anderweitig niemals ereignet hätten.

Ein ganzer Strom von Geschehnissen entfließt der Entscheidung, beschwört alle möglichen unvorhergesehenen Vorkommnisse, Zusammentreffen und materielle Hilfe zum eigenen Vorteil herauf, wovon keiner sich hätte träumen lassen, dass ihm das je geschehen würde.

Was Du Dir auch immer vorstellen kannst, kannst Du auch tun. Fang an, jetzt gleich.

(UNBEKANNT)

Der britische Naturwissenschaftler Rupert Sheldrake spricht in seinem Buch „Die Seele ist ein Feld" davon, dass wir alle Teil eines kollektiven Bewusstseins sind, auf das wir zurückgreifen können. Unser individuelles Bewusstsein kann demnach mit einem Bewusstseinsfeld in Fühlung gehen, das unser eigenes Vorstellungsvermögen weit übersteigt. Die transpersonale Psychologie spricht von der Berührung eines persönlichen Bereichs mit einer überpersönlichen Dimension.

Lassen Sie mich diese Überzeugung am Beispiel der modernen Funknavigation verdeutlichen: Ob Autofahrer, Radfahrer oder Fußgänger – mittlerweile ist es dank GPS-fähiger Smartphones und kostenloser Navigations-Apps für die allermeisten Menschen schon beinahe selbstverständlich geworden, sich moderner Navigationssysteme zu bedienen, um schnell und einfach zu einem gewünschten Ziel zu gelangen. Wir vertrauen unserem „Navi", wie wir unseren modernen digitalen Wegweiser liebevoll nennen, beinahe blind, arbeitet er doch recht zuverlässig und in aller Regel sehr exakt.

Doch wie funktioniert ein solches Navi eigentlich?

Moderne satellitengestützte Funknavigation besteht aus zwei Einheiten: einer Empfangseinheit, die wir mit uns führen, und einer satellitenbasierten Sendeeinheit (GPS = Global Positioning System), die wir zwar nicht sehen können, aber deren Funksignale wir permanent aus dem Weltall empfangen können. Wollen wir die modernen Möglichkeiten der Funknavigation nutzen, besteht unsere Aufgabe darin, unsere persönliche Empfangseinheit – unser Navi – einzuschalten. Erst dann können wir die GPS-Signale empfangen und dadurch unseren eigenen Standort bestimmen lassen. Anschließend brauchen wir lediglich unser Ziel benennen, gegebenenfalls können wir noch Wünsche für die Routenplanung – sogenannte Einstellungen – vornehmen, und schon kann es losgehen. Die im Weltall stationierten Satelliten funken permanent Signale in Richtung unseres Navis und schon *funktioniert* die ganze Angelegenheit. Funknavigation ist somit vereinfacht ausgedrückt ein Zusammenspiel zwischen einer individuellen Empfangsstation (unserem Navi) und einer universellen Sendestation (GPS).

Wenngleich jeder Vergleich immer auch in gewisser Weise hinkt und jede Analogie nur teilweise zutrifft, so scheint mir das Bild der modernen Funknavigation ganz hilfreich als Modell für die Wirkweise der Seele zu sein.

Betrachten wir es als eine der zentralen Aufgaben unserer Seele, uns als Wegweiser zu dienen, um uns auf unserem Lebensweg in guter Weise zu führen, so kommt dies der Funktion eines Navi doch sehr nahe. Stellen Sie sich vor, Ihre individuelle Seele wäre ihr persönliches Navi. Stellen Sie sich zudem vor, Sie könnten dadurch Kontakt zu einem universalen transpersonalen Bewusstseinsfeld herstellen, das analog zum GPS zwar für unsere Augen nicht sichtbar ist, doch vollkommen *funktionsfähig* ist.

Indem Sie Ihre individuelle Seele auf Empfang stellen, wird sozusagen der Kontakt zur großen universellen Seele ermöglicht, deren Signale Ihre individuelle Seele dann empfangen kann. Ähnlich den Funksignalen der Satelliten im Weltraum, die ihr Navi empfängt, kann Ihre Seele an eine größere universelle Intelligenz andocken und dadurch als Ihr persönlicher Lotse fungieren. Sie selbst müssen gar nichts tun. Auch Ihre individuelle Seele hat nichts „zu machen". Es geht einzig und allein darum, zu empfangen. Für uns Menschen, die wir gewohnt sind, alles selbst machen zu wollen, ist dies eine revolutionäre Vorstellung. Es gibt nichts zu machen. Es gibt nichts zu tun. Es geht einzig und allein darum, bereit zu sein, zu empfangen, offenen Herzens zu sein.

Zu Beginn des Aufenthaltes in unserer psychosomatischen Klinik sage ich oftmals zu unseren neuen Patienten: „Stelle dir vor, die Zeit in der Klinik wäre wie eine Art Lebensschule. In dieser Schule geht es jedoch nicht darum, wie in der Regelschule etwas zu leisten, sich anzustrengen oder Fehler zu vermeiden. In der Schule des

Lebens geht es einzig und allein um eine Sache: jeden Tag mit einem offenen Herzen zum Unterricht zu erscheinen."

Meine Erfahrung ist tatsächlich, dass diejenigen, die innerlich ganz auf Empfang gehen können, die sich öffnen, die bereit sind, sich wirklich einzulassen, nach einem sechswöchigen Klinikaufenthalt auch diejenigen sind, die am meisten profitiert haben. Und häufig profitieren diejenigen weniger, die zwar alle Therapieangebote fleißig absolvieren und sich sehr anstrengen, alles „richtig zu machen", aber nicht bereit sind, sich wirklich hinzugeben, sich ihrem inneren seelischen Prozess offenen Herzens anzuvertrauen.

Vielleicht hilft Ihnen auch ein weiteres Seelenbild, das das Zusammenspiel einer personalen und einer transpersonalen seelischen Ebene auf andere Weise deutlich machen möchte: Manche Menschen beschreiben ihre persönliche Seelenerfahrung so, als ob in ihnen ein inneres Licht (zum Beispiel wie eine Kerze) brennen würde. Durch dieses Licht werden Dinge in ihrem Inneren sichtbar und wahrnehmbar, die vorher wie im Dunkeln verborgen schienen. Ähnlich einer Kerze, die wir an einem größeren Feuer entzünden können, so wird das individuelle Licht durch Kontakt mit dem großen Licht entzündet. Auch wenn das personale Licht nur einen kleinen Lichtschein wirft im Vergleich zu einem großen Feuer, so hat es doch die gleiche Qualität. Licht ist Licht. Wenngleich sie äußerlich verschieden wirken, so sind sie beide doch essentielle Träger des gleichen Lichts.

Heilraum NATUR

> Du wirst mehr in den Wäldern als
> in den Büchern finden.
> Die Bäume und die Steine werden
> dich über Dinge belehren,
> die dir kein Mensch erzählen wird.
>
> BERNHARD VON CLAIRVAUX

Der moderne Mensch weiß: Navigation ist eine feine Sache, sofern dafür genug Akkuladung zur Verfügung steht. Smartphonenutzern ist bestens bekannt, dass die permanente GPS-Ortung am Akku saugt wie kaum eine andere Anwendung. Der mobile Mensch von heute bedient sich daher gerne einer kleinen Zusatzbatterie, auch Powerbank genannt, um unterwegs genug Energie für die Navifunktion seines Handys zur Verfügung zu haben.

Übertragen wir diese Erfahrung auf unser seelisches Erleben, so kann auch hier wieder eine Analogie gezogen werden: Um seelisch gut auf Empfang sein zu können, müssen wir unsere Seele immer wieder auftanken. Wir brauchen auch für unsere Seele eine Art Powerbank, die uns hilft, unseren seelischen Akku immer wieder neu zu füllen. Eine kostenlose Powerbank, die uns quasi immer zur Verfügung steht, ist unsere natürliche Mitwelt.

Der Zugang zum Heilraum Natur steht uns immer offen. Mittlerweile gibt es eine zunehmende Zahl von wissenschaftlichen Untersuchungen, die den wohltuenden, stressreduzierenden Effekt natürlicher Landschaften auf den Menschen nachweisen. Landschaften, die uns allen in besonderer Weise guttun, sind Gewässer wie Seen, Teiche, Flüsse, Bäche sowie Meeresstrände. Aber auch Landstriche mit Blumen, blühenden Bäumen, Hecken und Sträuchern sind eine Wohltat für die menschliche Seele, ebenso wie Waldlandschaften oder hügelartige Landschaften. Insbesondere Aufenthalte in den Bergen, die besondere Ausblicke und Weitblicke ermöglichen, können zu wahren Kraftorten für die menschliche Seele werden.

Offenbar liebt unsere Seele das Spiel des natürlichen Sonnenlichts, wie es sich auf sanften Wasseroberflächen oder dem Grün der Pflanzen spiegelt. Ist doch das Licht der Sonne die natürliche Kraft, die durch den Prozess der Photosynthese so viel Leben hervorbringen lässt.

Aber schon der Aufenthalt in naturähnlichen Parks in Städten hat nachgewiesenermaßen einen erholsamen Effekt auf unser seelisches Erleben. Manchmal mag auch schon die bewusste Begegnung mit einem Baum am Straßenrand oder die achtsame Wahrnehmung einer Zimmerpflanze unserer Seele eine kleine Wohltat schenken.

Natürliche Landschaften sind nicht nur Orte, um uns körperlich zu betätigen, sondern vor allem auch, um uns seelisch zu regenerieren. Clemens Arvay hat in seinem Buch „Der Biophilia-Effekt" viel darüber geschrieben, wie sehr uns der Aufenthalt in der Natur als Lebens- und Regenerationsraum körperlich und vor allem auch seelisch dient.

So ist mittlerweile auch die gesundheitsfördernde Wirkung des sogenannten Waldbadens gut belegt. Nicht primär die sportliche Aktivität, sondern der bloße Aufenthalt in der Natur ist es, der uns seelisch wieder auftanken lässt. Gerade der Wald ist ein besonders kraftvoller Ort, der uns Freude, Inspiration, Begeisterung und Faszination schenken kann.

Die bewusste Wahrnehmung des Waldes und anderer natürlicher Landschaften schenkt uns kreative Einsichten, öffnet uns für tiefe Lebensweisheiten und kann uns helfen, neue Orientierung zu finden. Es ist, als ob sich unsere Seele mit dem größeren natürlichen Seelenraum verbinden würde und so mit neuer Energie versorgt wird.

„All good things are wild and free." Vielleicht kennen Sie dieses Zitat des amerikanischen Schriftstellers und Philosophen Henry David Thoreau aus dem 19. Jahrhundert. Vielleicht kennen Sie aber auch in sich diesen Teil, der wild und frei ist, und dem Sie – vor allem durch die Begegnung mit der Natur – auch in sich selbst begegnen. Für mich drückt das Zitat den Urzustand der Natur aus, bevor die Menschen sesshaft wurden und begannen, die Natur zu kultivieren. Sind wir als natürliche Lebewesen nicht aus derselben Ursubstanz hervorgegangen wie all die anderen natürlichen Lebewesen auch?!

So ist die äußere Natur wie ein Spiegel für unsere innere Natur, vergleichbar einem eineiigen Zwilling. Sind wir lange genug allein draußen, so können wir in tiefen Kontakt mit unseren Sehnsüchten, aber auch unseren Ängsten kommen. Die Natur unterbricht den Strom unserer Gedanken und erweckt das Ursprüngliche in uns. Wir gehen in Resonanz mit dem, was da draußen ist. Etwas in uns kann darauf antworten, weil es auch in uns da ist. Wir empfinden womöglich starke Gefühle, wie Euphorie oder tiefe Ängste. Wir erleben ein Durchströmtwerden, so als ob wir an einen Energiestrom angeschlossen wären. Oder es tauchen Momente großer Klarheit auf, in denen wir uns an Wesentliches erinnern. Vielleicht zeigt sich ein Déjà-vu-Erlebnis oder eine Art Vision.

Wollen wir das Ursprüngliche in unserer Seele gut nähren, so kann es hilfreich sein, viel Zeit draußen zu verbringen: am besten allein, in Stille, im absichtslosen Umherstreifen. Verlassen Sie vielbegangene Wege. Nehmen Sie mit all Ihren Sinnen wahr. Greifen, staunen, lauschen, schnuppern, schmecken Sie. Seien Sie offen und neugierig, wie ein Kind offen und neugierig dem Abenteuer Leben gegenüber ist. Wenn Sie wieder nach Hause kommen, versuchen Sie, die Essenz Ihrer Erfahrung in sich zu bestärken, indem Sie zum Beispiel Tagebuch schreiben, das Erlebte zeichnen oder Ihrem Partner davon erzählen.

Letztlich können wir ganz wesentliche Dinge von der Natur lernen: über die Gesetzmäßigkeiten des Lebens, die Rhythmen und Zyklen, über Werden und Vergehen, über Verbundenheit und Ganzheit. Wir lernen, was wir selbst brauchen, um zu wachsen, um zu heilen und um ganz zu werden. Wir können die Schönheit und die Fülle des Lebens erfahren und in uns tiefe Dankbarkeit empfinden. Wir können tiefer verstehen: Alles folgt einer Ordnung. Der natürliche Lauf der einzelnen Wesen geht in Richtung des Verfallens und nicht des Erhaltens. Es ist ein großes Kommen und Gehen. Alle Wesen sind einzigartig und doch miteinander verbunden.

Im Folgenden möchte ich Ihnen ein Naturritual vorschlagen, das Sie für sich nutzen können, um in besonderer Weise mit der Weisheit der Natur in Verbindung zu treten. Ich persönlich erlebe solche bewussten Aufenthalte in der Natur immer wieder als Zeiten sehr kreativer Einfälle. Im Betrachten der Natur können innere Impulse auftreten, die für ein persönliches Anliegen, das uns gerade umtreibt, wie eine Wegweisung erscheinen mögen.

So können Sie sich mit dem nachfolgend beschriebenen Ritual des Schwellengangs für solche „natürliche Eingebungen" öffnen. Sie stellen dadurch Ihre Seele auf Empfang, vergleichbar einer Antenne, die Sie ganz gezielt ausrichten.

ÜBUNG
Schwellengang

Schenken Sie sich selbst ein paar freie Stunden oder einen ganzen Tag, um allein und in Stille in die Natur hinauszugehen. Wählen Sie dabei eine natürliche Umgebung, die möglichst abseits von viel begangenen Wegen oder menschlichen Siedlungen liegt.

Nehmen Sie ausreichend Wasser, darüber hinaus aber keine weitere Nahrung mit. Versuchen Sie in aller Ruhe und mit möglichst wenig Gepäck unterwegs zu sein. Überlegen Sie sich vorher eine Frage, die Ihnen derzeit am Herzen liegt und auf die Sie gerne eine Antwort hätten.

Wenn Sie eine geeignete Stelle in der Natur gefunden haben, beginnen Sie Ihren Schwellengang mit einer kleinen Zeremonie. Markieren Sie mit natürlichen Materialien, die Sie gerade vorfinden, eine kleine symbolische Schwelle. Überschreiten Sie diese Schwelle mit kindlicher Offenheit und Neugier, so als ob dahinter eine neue, bisher unbekannte Welt auf Sie warten würde. Eine Welt, in der die Natur, alle Pflanzen und Tiere, denen Sie begegnen, eine symbolische Bedeutung für Sie haben dürfen. Gehen Sie ohne einen festen Plan, sondern lassen Sie sich dorthin führen, wohin Sie Ihre Aufmerksamkeit in diesem Moment gerade lenken möchte. Vertrauen Sie darauf, dass Sie während Ihres Schwellenganges die natürlichen Wesen und Kräfte finden werden, die Ihnen ihre sinnbildlichen, metaphorischen Botschaften schenken wollen. Horchen Sie. Beobachten Sie. Staunen Sie.

Seien Sie mit all Ihren Sinnen offen für die natürliche Schönheit des Lebens, die sich vor Ihnen entfaltet. Nehmen Sie aber auch gleichzeitig die Zeichen der Vergänglichkeit wahr, so wie die Natur Ihnen beides in diesem Moment zeigen möchte.

Irgendwann lassen Sie sich an einem Ort, der Sie besonders anzieht, nieder und stellen sich Ihre Frage, die Sie hergeführt hat. Auf welche Weise finden Sie Hinweise, die Ihnen für die Beantwortung Ihrer Frage bedeutsam sein können? Lassen Sie sich ausreichend Zeit. Verweilen Sie an diesem, Ihrem Ort. Versuchen Sie, ganz aufmerksam zu sein. Vielleicht finden Sie dort, wo Sie gerade sind, einen symbolischen Gegenstand, den Sie als Botschaft für Ihre Seele mitnehmen möchten.

Spüren Sie, wann die Zeit gekommen ist, um wieder zurückzukehren. Kommen Sie am Ende Ihrer ganz persönlichen Naturzeit wieder zurück zu Ihrer Schwelle. Überschreiten Sie diese im Bewusstsein, dass Sie jetzt wieder in Ihre gewohnte Alltagswelt zurückkehren. Zerstreuen Sie die Materialen, die Ihnen für Ihre Schwelle gedient haben, so dass kein äußerlich sichtbares Zeichen Ihres Schwellenganges zurückbleibt.

Es kann hilfreich sein, sich anschließend noch Zeit zu nehmen, um sich Wesentliches Ihres Schwellenganges in ein Tagebuch zu notieren. Vielleicht träumen Sie in der folgenden Nacht noch etwas, das Sie innerlich in Beziehung zu Ihrer Erfahrung des Schwellengangs bringen könnte. Vertrauen Sie darauf, dass Ihnen auf einer seelischen Ebene all das zuteilwird, was Sie für die Beantwortung Ihres Anliegens jetzt gerade brauchen.

Seele – die ANTENNE zu Gott!?

> Wir sind keine menschlichen Wesen,
> die das Spirituelle erfahren,
> sondern wir sind spirituelle Wesen,
> die das Menschliche erfahren.
> NACH PIERRE TEILHARD DE CHARDIN

In den religiösen Traditionen dieser Welt wird die Seele oftmals mit dem Aspekt der Unsterblichkeit und dem Angeschlossensein an eine göttliche Dimension verbunden. Die Seele wird in diesem Kontext als ein Mysterium verstanden, das unseren menschlichen Geist übersteigt. In ihr begegnen wir dem Göttlichen und das Göttliche begegnet uns.

Das Neue Testament beschreibt die menschliche Seele als zentral im Verhältnis zu Gott. Im biblischen Verständnis wird mit Seele auch die Lebendigkeit des Menschen, ja sein eigentliches Leben gleichgesetzt.

Der Schweizer Psychiater und Begründer der Analytischen Psychologie C. G. Jung geht davon aus, dass wir zeitlebens einen seelischen Werdensprozess durchlaufen. Unsere Lebensaufgabe ist es, unser wahres, authentisches Selbst zu entwickeln. Jung spricht von einer transzendenten Dimension, die es benötigt, um diesen individuellen Entwicklungsweg gelingen zu lassen. Er schreibt dazu: „Wenn man versteht und fühlt, dass man schon in diesem Leben an das Grenzenlose angeschlossen ist, ändern sich Wünsche und Einstellung. Letzten Endes gilt man nur wegen des Wesentlichen, und wenn man das nicht hat, ist das Leben vertan."

Sind wir innerlich seelisch verbunden und leben als beseelte Menschen, so sind wir – im Bild von C. G. Jung – an das Grenzenlose angeschlossen. Dadurch ändern sich unsere eigenen einengenden Vorstellungen. Unsere Perspektive eines gelingenden Lebens kann sich somit grundsätzlich weiten.

Unser Ego möchte möglichst alles so haben und bekommen, wie es den eigenen Ego-Vorstellungen entspricht. Allerdings reduzieren wir dadurch uns selbst, andere Menschen sowie unsere Bilder vom Leben auf unsere verengte Sichtweise, unsere Ego-Konzepte. Wir glauben, wir wären glücklich, wenn wir im Leben alles so bekämen, wie es unseren Wünschen und Vorstellungen entspricht. Statt uns dem größeren Bild anzuvertrauen, wie es das „Dein Wille geschehe" im Vaterunser ausdrückt, meinen wir mit unseren Bitten, dem „Lieben Gott" Ratschläge geben zu können, wie er es gefälligst einzurichten habe.

Einer meiner wichtigsten ärztlichen Mentoren, Dr. Walther Lechler, pflegte zur Begrüßung den Patienten seiner psychosomatischen Klinik in Bad Herrenalb zu sagen: „Hier bekommst du nicht, was du willst, sondern das, was du brauchst." Damit verband er die Botschaft: Wir werden nicht dadurch glücklich, dass sich alles so erfüllt, wie es sich unser Ego vorstellt, sondern indem wir uns einem größeren Willen anvertrauen.

Unsere Seele weiß darum, dass wir in der Tiefe unseres Seins die Erfahrung von Verbundenheit und Liebe brauchen, um heilen zu dürfen und das Wesentliche des Lebens zu verkosten. Dazu möchte ich Ihnen an dieser Stelle ein Gedicht eines Sufimystikers aus dem 12. Jahrhundert weitergeben. Ibn al-Arabi war ein tiefsinniger Dichter und Philosoph, der das Göttliche in allen Formen des Lebendigen sah.

Die Karawane der Liebe

Es gab eine Zeit,
da ich meinen Nächsten ablehnte,
wenn sein Glaube nicht der Meine war.
Mein Herz ist jetzt fähig geworden,
alle Formen anzunehmen:

Es ist Weide für Gazellen
und Kloster für Mönche,
Tempel für Götzenbilder,
und Kaaba für Pilger,
es ist Gefäß für die Tafeln der Thora
und die Verse des Korans.
Denn meine Religion ist die Liebe.
Ganz gleich, wohin die Karawane der Liebe zieht,
ihr Weg ist der Weg meines Glaubens.

WERDE DER, DER DU WAHRHAFT BIST

Stirb und WERDE

Und so lang Du das nicht hast,
dieses Stirb und Werde,
bist Du nur ein trüber Gast
auf der dunklen Erde.
JOHANN WOLFGANG VON GOETHE

Dieses weltberühmte Goethewort aus seinem Gedicht „Selige Sehnsucht" sagt etwas ganz Wesentliches über unsere seelische Entwicklung aus: Finden wir uns an einer Phase des Übergangs, müssen wir innerlich bereit sein, etwas Altes loszulassen, um uns für etwas Neues öffnen zu können. Es geht darum, uns zu wandeln. Wenn der Ruf des Lebens an uns ergeht, müssen wir bereit sein, das Zu-eng-Gewordene loszulassen. Wie kann sonst Wachstum und Wandel in unser Leben kommen, wenn wir nicht bereit sind, etwas Altes sterben zu lassen? Wie wichtig ist es doch, den Ruf des Lebens an uns zu hören, und wie entscheidend ist es, ihm zu folgen. Nur so können wir unser eigenes Wesen völlig zur Entfaltung bringen, um unserer eigentlichen Bestimmung gerecht zu werden.

Lassen wir uns auf die eigene unverzichtbare Weiterentwicklung nicht ein, so droht uns das Schicksal eines „trüben Gastes", der nicht wirklich anzukommen scheint, in seiner wahren Heimat, seinem eigentlichen Bestimmungsort.

Wir alle haben vielleicht in unserem Leben schon einmal erfahren, dass wir ein bestimmtes Kleidungsstück, zum Beispiel einen Lieblingsmantel, nicht loslassen wollten. Zu lange, zu gerne haben wir ihn getragen. Doch nun ist er zu klein geworden. Er passt nicht mehr zu uns. Wir müssen ihn loslassen, um Platz zu machen für einen neueren, passenderen Mantel. So ist es auch mit alten Verhaltensmustern, an denen wir noch hängen. Sie engen uns nur noch ein. Wir müssen bereit sein, auf dieses alte Muster zu verzichten, um eine notwendige Erneuerung zu ermöglichen. Oder wir hängen noch an alten dysfunktionalen Beziehungsmustern und müssen auf unsere Opferrolle oder auf alte Abhängigkeiten verzichten, um neue, reifere Beziehungen leben zu können. Vielleicht hängen wir noch an einem bestimmten Ort und spüren doch, dass wir bereit zum Aufbruch sein müssen, um uns weiter (nicht enger) zu entwickeln. Anstatt uns gegen die notwendigen Veränderungen unseres Lebens zu wehren, sollten wir nicht dagegen, sondern mit ihnen gehen. Wir meinen, wir müssten unser Leben mit viel Anstrengung verändern, dabei dürfen wir uns mit Gelassenheit dem sich stetig wandelnden Fluss des Lebens anvertrauen. Lebe deine Änderungen, anstatt dein Leben ändern zu wollen.

Unsere menschliche Entwicklung durchläuft bestimmte Phasen, die immer wieder mit den dazugehörigen Wandlungskrisen ineinander übergehen. Die Phase der Kindheit wandelt sich in der Pubertät hin zum

Erwachsensein. Eine Partnerschaft entwickelt sich durch die Geburt eines gemeinsamen Kindes hin zur Elternschaft. Mit dem Auszug der erwachsenen Kinder verändert sich der bisherige Lebensfokus und die je eigene Lebensaufgabe will wieder neu definiert werden. In den Wechseljahren geschehen bei Frauen und Männern nicht nur wichtige körperliche Veränderungen, sondern es ist auch ein Wechsel der bisherigen Lebensperspektive erforderlich. Die Phase des beruflichen Tätigseins geht mit der Berentung in eine neue Lebenszeit über, die in nativen Kulturen als Ältestenschaft bezeichnet wird. Schließlich transformiert sich auch unser eigenes Leben durch unser tatsächliches Sterben, um ein neues Werden zu ermöglichen.

Auch in der Natur sehen wir unzählige Beispiele für Wandlungen, die notwendig sind, um das eigentliche Potential zum Vorschein zu bringen.

Ein häufig verwendetes Beispiel für natürliche Wandlungsprozesse ist die Metamorphose zum Schmetterling. Dabei durchläuft der Reifungsprozess zum Schmetterling vier Entwicklungsstadien: Ei, Raupe, Puppe und Falter. Nach dem Schlüpfen aus dem Ei frisst die Raupe ihre eigene, zu eng gewordene Eischale, die sie zugleich mit wichtigen Nährstoffen versorgt. Damit eine Raupe größer werden und wachsen kann, muss sie sich schon im Stadium vor der Verpuppung immer wieder häuten, da ihre eigene Haut zu hart ist und sich nicht ausdehnen kann. Wenn die Raupe sich zum letzten Mal gehäutet hat, kommt die Puppe zum Vorschein. Äußerlich wirkt die Puppe wie tot, doch innerlich geschehen unglaubliche Verwandlungsprozesse. Im Kokon verflüssigt sich die Raupe. Es entsteht eine Art „Raupensuppe", aus deren Bestandteilen sich der erwachende Schmetterling neu zusammensetzt. Aus einem Wesen, das sich vorher kriechend auf dem Erdboden bewegt hat, ist nun ein flugfähiges Geschöpf entstanden. Auf diese Weise dienen Schmetterlinge im Sinne einer Koexistenz auch anderen Lebewesen, indem sie beim Anlanden auf bestimmten Pflanzen deren Blüten bestäuben.

Haben Sie schon einmal bewusst dem Tanz fliegender Schmetterlinge zugesehen? Welch ein Genuss ist es doch, auf einer Wiese liegend, diesen *wunderschönen* Geschöpfen bei ihrem spielerisch leichten Flug zuzusehen.

> Wer Schmetterlinge lachen hört,
> der weiß, wie Wolken schmecken,
> der wird im Mondschein, ungestört
> von Furcht die Nacht entdecken.
> Der wird zur Pflanze, wenn er will,
> zum Tier, zum Narr, zum Weisen,
> und kann in einer Stunde
> durchs ganze Weltall reisen.
> Er weiß, dass er nichts weiß,
> wie alle andern auch nichts wissen,
> nur weiß er, was die anderen
> und er noch lernen müssen.
> Wer in sich fremde Ufer spürt,
> und Mut hat sich zu recken,
> der wird allmählich ungestört
> von Furcht, sich selbst entdecken.

Abwärts zu den Gipfeln
seiner selbst blickt er hinauf,
den Kampf mit seiner Unterwelt
nimmt er gelassen auf.
Wer mit sich selbst im Frieden lebt,
der wird genauso sterben,
und ist selbst dann lebendiger
als alle seine Erben.

      CARLO KARGES

Der bereits erwähnte Schweizer Psychiater C. G. Jung geht davon aus, dass es in uns jemanden gibt, der wir im tiefsten Inneren schon sind. Unsere seelische Aufgabe ist es, uns in Richtung dieses wahren Selbst zu *entwickeln*: Werde der, der du wahrhaft bist – nicht mehr, aber auch nicht weniger – aber der sei!

Wo wir noch verwickelt sind in alten Vorstellungen, die wir von anderen übernommen haben, da gilt es sich zu einem wahren, authentischen Selbst weiterzuentwickeln.

So wie ein Schmetterling sich gemäß seiner tiefsten Bestimmung im wahrsten Sinne des Wortes aus dem Kokon heraus *entwickelt*, so gehören auch zu unserem Weg der Selbstwerdung, der Individuation immer wieder notwendige Wandlungsschritte. Schritte, die uns zu einem neuen, einem gereiften, einem *wundervollen* Menschen wachsen lassen.

Ich bin ein Neuer geworden,
mir selbst noch ein Wunder.

Ruhend zugleich und tätig,
empfangend und schenkend.
Ein Besitzer von Gütern,
deren werteste ich vielleicht
noch gar nicht kenne.

HERMANN HESSE

Der SPRÖSSLING

Und es kam der Tag, da das Verharren in der Knospe schmerzlicher wurde als das Risiko, zu blühen.

NACH ANAIS NIN

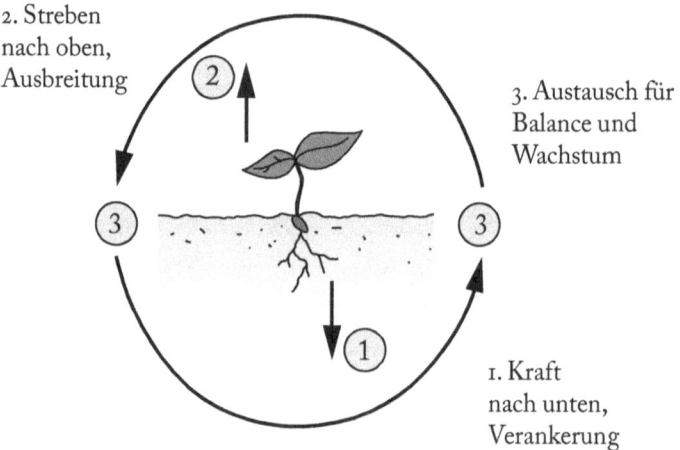

2. Streben nach oben, Ausbreitung

3. Austausch für Balance und Wachstum

1. Kraft nach unten, Verankerung

Sprössling
Manche Dinge sind so einfach, dass wir sie geradezu übersehen. (Die Abbildung geht zurück auf Patrick Schank.)

Dieses Bild eines Sprösslings will uns auf *sinnbildliche* Weise etwas über unser eigenes Leben als Menschen erzählen.

Schon das Wort „Sprössling" ist zweideutig: Bezeichnet es doch einerseits in der Pflanzenkunde das aufstrebende Gewächs eines jungen Baumes, andererseits steht es aber auch als Synonym für einen menschlichen Nachkommen, also für ein Kind, das wir alle einmal waren.

Da ist zunächst der sichtbare Teil, der Jungspross, der mit Kraft nach oben, zum Licht hin wachsen will. So wie auch wir als Kinder kraftvoll wachsen wollen und uns nach Ausdehnung und Entfaltung sehnen, so auch der junge Baum, der sich anschickt, einen sichtbaren Stamm und ein vielgestaltiges Blätterwerk zu entwickeln.

Doch es gibt auch den nicht sichtbaren Teil, die Wurzel, die ebenso kraftvoll nach unten in das Erdreich wachsen will. Es ist der zunächst unsichtbare Teil des jungen Baumes, der sich fein verästelt in die Tiefe gräbt, um dem Baum Halt zu geben, und um die Verbindung zu Wasser und Nährstoffen herzustellen. Die Wurzeln schaffen somit die notwendigen Voraussetzungen für das oberirdische Wachstum des Baumes. Die Wurzeln wirken in der Tiefe, im Verborgenen, um so sichtbares Leben zu ermöglichen.

Beides – das sichtbare und das unsichtbare Wachstum – ist in gleicher Weise erforderlich. Das Bild des Sprösslings scheint uns zu sagen: Nur wenn deine Wurzeln halten, kann das Leben sich entfalten.

Sowohl die Kraft nach unten, die Verankerung in der Tiefe und im Dunkel schenkt, als auch die Kraft nach oben, die in die Höhe und zum Licht hin sich entfalten möchte, werden in *gleichwertiger* Weise gebraucht. Das Sichtbare und das Unsichtbare. Die Tiefe und die Höhe. Das Dunkel und das Licht. Beides gehört zusammen. Beides muss miteinander verbunden sein, im wechselseitigen Austausch stehen, damit wirkliches Wachstum und damit Leben erst gelingen kann. Es braucht also das „Sowohl-als-auch" und kein bloßes „Entweder-oder".

Der sichtbare Teil symbolisiert die materielle Wirklichkeit, die wir sehen, anfassen, auf den ersten Blick erkennen können. Der unsichtbare Teil, der verborgen in der Tiefe wirkt, steht für die nichtmaterielle, die seelische Wirklichkeit. So betrachtet könnten wir das Wurzelwerk des Baumes, das tief in die Erde eingegraben Verbindungen schafft, als Bild für unsere Seele und deren Verbindungen verstehen. Wie unglaublich vielgestaltig sind doch unterirdische Wurzelsysteme, um dem großen Baum ja genug Halt und Nahrung zu ermöglichen. Immer muss das Wurzelwerk mitwachsen, damit auch der sichtbare Baum wachsen kann.

Diese lebensnotwendige Verbindung zwischen dem Wurzelwerk des Baumes und dem Baumstamm mit seinen Verästelungen und Blättern ist so einfach – und doch scheinen wir sie geradezu zu übersehen. Sehen wir doch mit unseren Augen tatsächlich nur den Teil des Baumes, der über dem Erdreich seinen sichtbaren Wuchs präsentiert. Dadurch übersehen wir den überlebensnotwendigen Teil des Baumes, sein unterirdisches Wurzelwerk.

Übertragen wir diese Sichtweise auf unser Menschsein, so könnte dies Folgendes bedeuten: Womöglich beachten wir in unserem Leben das Materielle mehr als das Nichtmaterielle. Womöglich übersehen wir die Notwendigkeit der seelischen Tiefendimension, die unserem menschlichen Leben Halt und Verbundenheit schenkt. Halt und Verbundenheit sind andere Worte für Geborgenheit. Ist es nicht das, was uns modernen Menschen so sehr fehlt? Wir fühlen uns heimatlos, ungeborgen, ungeschützt. Tiefer Halt, wirkliche Geborgenheit gibt es nur auf einer seelischen Ebene.

Kein Geld der Welt, kein materieller Besitz kann uns in unserer Tiefe Halt und Geborgenheit schenken. In der Tiefe unserer Seele finden wir Antworten, die sonst unsichtbar bleiben. Woher komme ich, und wohin gehe ich? Gehören diese Fragen nicht zusammen wie Wurzelwerk und Spross?

Würde der Baum einseitig nur nach oben wachsen wollen, so würde der erstbeste Sturm ihn entwurzeln und ihn seiner notwendigen Lebensgrundlage, des Erdreichs, berauben können. Was gibt uns Standfestigkeit in den Stürmen des Lebens? Ist es nicht die Wurzelkraft unserer Seele, derer wir so notwendig bedürfen, um nicht kraft- und haltlos zu werden?

Traditionell war es die Aufgabe der Großfamilien, den Menschen unmittelbar zu verwurzeln. Religiöse Gemeinschaften mit ihren Riten und dem gemeinsamen Glaubenskult haben den Menschen in einem größeren Sinne sogar über das diesseitige Leben hinaus verwurzelt. Diese haltgebenden Strukturen haben sich in unserer offenen und mobilen Gesellschaft weitgehend aufgelöst und damit auch ein Gefühl von Haltlosigkeit und Ungeborgensein begünstigt, das kein Social-Media-Netzwerk heilen kann.

Letztlich sind auch die Menschen des 21. Jahrhunderts eben doch das geblieben, was US-Soziologen „somewheres" statt „anywheres" nennen: Menschen, die eine Verwurzelung und eine Zugehörigkeit auf einer tiefen seelischen Ebene bedürfen, um den eigenen Ängsten Zuversicht und Vertrauen entgegensetzen zu können.

WURZELN – die unsichtbaren Verbindungen

Ohne Wurzeln kein Leben! Lassen Sie uns doch diese Wahrheit ans Licht holen und damit auch die Bedeutung unserer eigenen biologischen Wurzeln neu beleuchten.

Wenn wir von unseren eigenen Wurzeln sprechen, so meinen wir damit unsere Herkunft. Den Ort, aber vor allem auch die Menschen unserer Kindheit. Damit sind zunächst unsere biologischen Eltern gemeint. Doch stehen auch unsere Eltern in einer Reihe von anderen Menschen, die unsere Vorfahren sind und so betrachtet auch zu unserem Wurzelwerk gehören. Wir sind deren Nachkommen – sie sind unsere Vorfahren, auch Ahnen genannt.

Das Wort „Ahne" geht auf das althochdeutsche Wort „ano" zurück, was so viel bedeutet wie „bis auf den Ursprung zurückkehren". Über die Linie unserer Ahnen ist uns ursprünglich das Leben zugeflossen. Ohne ihr Sein und Wirken wären wir nicht ins Leben gekommen. Es ist in gewisser Weise ihr aller Verdienst, dass wir sein dürfen, wir teilhaben dürfen am großen Mysterium des Lebens – dem Kreislauf des Kommens und Gehens.

Ihnen gebührt unser aufrichtiger Dank für das Geschenk unseres Lebens. Sie waren bereit, vor uns zu gehen, mit all dem Grausamen und Schönen ihres Lebens. Sie haben uns viel Gutes hinterlassen. Sie haben die Bäume gepflanzt, von deren Früchte wir noch immer essen dürfen und in deren Schatten wir uns ausruhen können. Aber sie haben auch Dinge unvollendet hinterlassen. So wie auch wir eines Tages unseren Kindern Unterstützendes, aber auch Herausforderndes zurücklassen werden.

Dankbarkeit zu empfinden ist eine Liebeserklärung an das Leben selbst. Dankbarkeit ist die einzig stimmige Antwort auf das Geschenk unseres Lebens. Da unsere Eltern und auch alle unsere biologischen Vorfahren sich haben in Dienst nehmen lassen, gebührt ihnen allen unser Dank. Dankbarkeit wiederum stärkt das Band der Verbundenheit. Sie lässt uns so auch deutlicher die tatsächliche Verbundenheit mit unseren Wurzeln, unseren Ahnen spüren. Dankbarkeit lässt uns tiefer empfinden – uns wirklich lebendig sein.

Egal, was Ihre Vorfahren und Ihre Eltern in ihrem eigenen Leben und in Ihrem Leben alles getan haben: Es ist in gewisser Weise der Preis, um den wir das Geschenk des Lebens, unseres Lebens, annehmen. Sie dürfen sich von Verstrickungen Ihres Herkunftssystems innerlich lösen. Sie dürfen sich von unangemessenen Verhaltensweisen, Verletzungen, die Sie persönlich durch Ihre Eltern oder Großeltern erlitten haben, distanzieren. Sie dürfen ausdrücklich sagen: „Jenes Verhalten war so nicht in Ordnung! Ich hätte mir da etwas anderes gewünscht!"

Versuchen Sie, innerlich freier und friedvoller zu werden. Vielleicht sollten wir uns manchmal um einen weicheren und milderen Blick auf die Begrenzungen und Schwächen unserer Eltern bemühen. Je älter wir werden, desto mehr mögen wir realisieren, dass wir unseren Eltern ähnlicher geworden sind, als uns vielleicht lieb ist. Aussehen wie charakterliche Eigenarten zeugen davon, dass wir „aus dem gleichen Holz sind" und „der Apfel nicht weit vom Stamm gefallen ist".

Manchmal erinnern uns Vorwürfe unserer (Ehe-)Partner auf unsanfte Weise daran, indem sie uns solch unangenehme Dinge sagen wie: „Du bist genau so stur/geizig/kränkbar wie Dein Vater/Deine Mutter." Je mehr wir mit unseren eigenen Eltern an diesem Punkt innerlich ausgesöhnt sind, desto weniger müssen wir gegen uns selbst und unsere eigenen Schwächen ankämpfen.

Schmälern Sie deswegen jedoch nicht Ihre eigene Dankbarkeit für das Geschenk Ihres Lebens. Sie würden sich sonst selbst von einem Teil Ihrer Wurzeln abschneiden. Sie würden sich selbst eines Teils Ihrer Lebenskraft berauben.

Einer meiner Patienten hatte sich lange schuldig gefühlt, da seine Mutter nach seiner Geburt in eine Wochenbettdepression verfallen war und auch später immer wieder depressive Zustände durchlitt. Er selbst wurde als erwachsener Mann ebenfalls depressiv – so als ob er unbewusst einen Ausgleich anbieten wollte. Aber es war ein Ausgleich im Schlechten und nicht im Guten. Ein Ausgleich im Guten wäre zum Beispiel folgende Haltung: „Wenn es dich schon so viel gekostet hat, dass ich zur Welt kommen durfte, dann lebe ich mein Leben nun in voller Lebendigkeit, um dadurch das Geschenk meines Lebens zu ehren."

Mit dem nachfolgenden Ritual möchte ich Sie einladen, eine seelische Verbindung zu Ihren Ahnen herzustellen. Ich habe dieses Ritual schon oftmals mit meinen Patientinnen und Patienten durchgeführt und war immer wieder sehr berührt, welch unterstützende Kraft sich daraus entwickelt hat. Gerne können Sie sich die einzelnen Schritte des Rituals vorab mehrmals durchlesen, so dass Sie sich zu Beginn des Rituals dessen Ablauf gut vorstellen können.

RITUAL
Die Ahnenkraft

Suchen Sie dafür einen Raum in Ihrer Wohnung auf, in dem Sie für ein paar Minuten allein sein können. Stellen Sie sich in der Mitte dieses Raumes aufrecht hin. Schließen Sie die Augen und spüren Sie in sich hinein, wie es sich anfühlt, so allein dazustehen. Nun imaginieren Sie vor Ihrem geistigen Auge die Reihe Ihrer männlichen und weiblichen Ahnen. Bitten Sie diese, sich in zwei Längsreihen (einer männlichen und einer weiblichen Linie) hinter Ihrem Rücken aufzustellen. Wie stehen Sie nun da? Wie fühlt sich Ihr Rücken jetzt an? Stellen Sie sich vor, dass diese Menschen Ihnen den Rücken stärken wollen, Ihnen Rückhalt geben wollen. Wie erleben Sie diese Kraft, die Ihnen von hinten zukommt?

Wenn Sie dazu bereit sind, drehen Sie sich in einer 180-Grad-Bewegung um Ihre eigene Achse, so weit, bis Sie Ihren imaginierten Ahnen gegenüberstehen. Nun sagen Sie all diesen Männern und Frauen in Ihrer Ahnenreihe innerlich Dank. Bedanken Sie sich für ihr Dienen. Ihrem Dienst am Leben haben Sie es zu verdanken, dass Sie jetzt hier sein dürfen. Wenn es für Sie stimmt, können Sie sich einmal tief vor Ihrer Ahnenreihe verneigen. Richten Sie sich wieder bewusst auf. Spüren Sie dabei Ihre menschliche Größe, Ihre innere Würde. Nun drehen Sie sich zurück in die Ausgangsposition. Machen Sie dann einen kraftvollen Schritt nach vorne, als Ausdruck dafür, dass Sie in Ihr eigenes Leben gehen wollen. Wie fühlt es sich jetzt in Ihnen an? Was hat sich in Ihnen während dieses kleinen Rituals verändert? Beenden Sie dieses Ritual und verweilen Sie noch ein paar Minuten in Stille, bevor Sie womöglich in diesem Kapitel weiterlesen.

Haben wir eine seelische Verbindung zu unseren Ahnen, so können diese uns auch aus der jenseitigen Welt noch zu Hilfe eilen, wie das folgende Beispiel von Paul McCartney zeigt. Über die Entstehungsgeschichte des weltberühmten Songs „Let it be" erzählte Paul McCartney später: „Ja, ich hatte eine Menge schlechter Tage in den Sechzigern. Eines Nachts hatte ich einen Traum von meiner Mutter. Sie starb, als ich 14 war, also hatte ich wirklich eine ganze Weile nichts von ihr gehört. Doch es war sehr gut. Es gab mir Kraft. In meiner dunkelsten Stunde kam Mutter Mary zu mir."

Es war zu der Zeit, als die Beatles bereits am Auseinanderbrechen waren. So sehr sich Paul McCartney auch bemühte, das Ende der Band zu verhindern, er vermochte es doch nicht. Der Traum, in dem ihm seine Mutter erschien, ließ dieses wundervolle berührende Lied entstehen, das schon so vielen Menschen Trost spendete:

„When I find myself in times of trouble, Mother Mary comes to me. Speaking words of wisdom: Let it be. And in my hour of darkness she is standing right in front of me speaking words of wisdom: Let it be ..."

Eine liebe Freundin erzählte mir über ihren verstorbenen Vater Folgendes:
*Mein Vater stammte aus der Kriegsgeneration und war für eine Weile in russischer Kriegsgefangenschaft. Zeitlebens blieb er ein Gefangener dieser schlimmen Erfahrungen. Wir hatten über viele Jahre eine sehr konflikthafte Beziehung. In den letzten Jahren seines irdischen Seins entwickelte er eine Demenz. Er, der sonst jede Form von Körperkontakt abgelehnt hatte, brauchte nun viel Zuwendung, körperliche Nähe und Pflege. Indem er mehr und mehr vergaß, wurde er immer freier. Musste er früher stets etwas tun oder leisten, so konnte er im Laufe dieser gnadenvollen Erkrankung immer öfter einfach nur daliegen, einfach nur sein, einfach nur atmen. Sein friedliches Sterben ermöglichte mir ein tiefes In-Frieden-Kommen mit ihm.
Manchmal gehe ich jetzt abends unter dem Sternenhimmel spazieren und stelle mir vor, dass er auf einem dieser Sterne sein neues Zuhause gefunden hat. Dann spreche ich mit der Seele meines verstorbenen Vaters und sie mit mir. Die Seele meines*

Vaters, die nun im Licht ist, kann anders zu mir sprechen als der Vater, der noch in seiner körperlichen Existenz gefangen war: „Meine geliebte Tochter. Es war nicht deine Schuld. Ich war einfach völlig überfordert. Ich war gefangen. Doch du darfst frei sein. Sei du selbst. Sei authentisch. Ruhe dich zur rechten Zeit immer wieder aus."

Wer von Ihren Ahnen ist Ihnen in besonderer Weise nahe? Was würde seine/ihre Seele aus der Perspektive des Lichts Ihnen heute sagen wollen? Wenn Sie möchten, gehen auch Sie unter einem Sternenhimmel spazieren und sprechen Sie mit der Seele eines Ihrer Ahnen. Welche Botschaft dürfen Sie empfangen?

Vielleicht kennen auch Sie dieses Phänomen, dass Sie nach dem Tod eines lieben Menschen diesen zwar äußerlich loslassen mussten, er Ihnen aber wie ein innerlicher Gefährte weiterhin nahe ist. C.G. Jung hat in diesem Zusammenhang von „unus mundus" gesprochen – einer seelischen Verbundenheit, die über den Tod hinausreicht. Der Tod mag zwar stärker sein als das Leben. Aber die Erfahrung der Verbundenheit in Dankbarkeit und Liebe ist wiederum stärker als der Tod.

Neben unseren blutsverwandten Ahnen gehören all jene zum erweiterten Kreis unserer Ahnen, die uns zu ihren Lebzeiten freundschaftlich, wohlwollend verbunden waren und uns in ihrem Sterben vorausgegangen sind. Nehmen Sie sich Zeit, sich zu erinnern, von welchen Menschen, die Sie gekannt haben und die bereits verstorben sind, Sie auf unterschiedlichste Weise beschenkt worden sind.

Wer hat Ihnen eine Inspiration, eine konkrete Hilfestellung oder andere Art der Unterstützung zukommen lassen? Wie fühlt es sich an, all das zu erinnern? In welcher Weise stärkt diese Verbundenheit mit all Ihren Ahnen Sie hier und jetzt in Ihrem täglichen Leben?

Im Übrigen denken Sie daran: Haben Sie selbst eine gute Verbindung zu Ihren Wurzeln, so können Sie auch Ihren eigenen Kindern gute Wurzeln schenken.

> Wenn Du bei Nacht den Himmel anschaust,
> wird es Dir sein, als leuchten alle Sterne,
> weil ich auf einem von ihnen wohne,
> weil ich auf einem von ihnen lache,
> Du allein wirst Sterne haben,
> die lachen können,
> und wenn Du Dich getröstet hast,
> wirst du froh sein,
> mich gekannt zu haben.
> ANTOINE DE SAINT-EXUPÉRY

Einfach SEIN

> Schweigen lernen
> Nächte ertragen
> zu den Sternen schauen
> von der Erde lernen
> dem Licht trauen
> Gemeinschaft wagen
> das Wehrlose schützen

das Verlorene suchen
das Schwächste tragen
Einfach sein
Einfach SEIN
ELISABETH BERNER

Einfach zu sein, einfach zu leben hat mit Leichtigkeit zu tun. Es ist das Gegenteil von kompliziert sein. Manche Dinge werden dadurch kompliziert, dass wir sie selbst kompliziert machen. Wir machen uns zu viele Gedanken um etwas, wir verfangen uns in unserem Kopfkino, anstatt einfach nur zu sein.

Sei einfach glücklich!

Einfachheit bedeutet für mich nicht im Vielen, aber auch nicht im Wenigen, sondern im Wesentlichen das Glück zu erfahren. Das Wesentliche ist mehr. Sei einfach! Sei wesentlich!

Wenn ich meine Patienten bitte, sich eine Situation vorzustellen, in der sie sich wirklich glücklich fühlen, tauchen innere Bilder voller Einfachheit auf: auf einer Wiese liegen, einen lieben Menschen bei sich haben, mit Freunden zusammen lachen, mit einem Kind spielen, an einem Bach sitzen, auf einem Berggipfel stehen, mit einem Hund herumtollen. In diesen Momenten wird mir immer wieder ganz bewusst: Es ist so einfach, glücklich zu sein.

Wir mögen zwar glauben, dass wir etwas Besonderes im Leben brauchen, um wirklich glücklich sein zu können. Wir strengen uns daher an, um besondere Leistungen zu erbringen, besonders gut zu sein, es besonders schön zu haben. Der Drang nach dem Besonderen bringt uns immer wieder ins Tun, ins Müssen, in die Vorstellung, etwas wäre noch nicht gut genug, noch nicht besonders genug. Ja, wir selbst sind noch nicht gut genug und müssten daher erst noch etwas Bestimmtes erreichen, um dann vielleicht eines Tages glücklich zu werden.

Doch in Wirklichkeit ist es nicht das Besondere, sondern das Wesentliche, was uns glücklich sein lässt. Wesentlich sein ist wiederum verwandt mit einfach sein, leicht sein, anstrengungslos sein. Das Wesentliche bringt uns weniger ins *Tun*, dafür umso mehr ins *Sein*.

Denke ich beispielsweise an ein gelungenes Fest zurück, so sind es die Gespräche, das frohe Lachen, die freundschaftliche Atmosphäre oder das gemeinsame Singen, das in mir ein Gefühl der Freude, des Verbundenseins hervorruft und mich erfüllt und dankbar sein lässt. Es ist weniger das besondere Ambiente, eine aufwendige Dekoration oder ein besonders exquisites Essen. Das alles ist zwar schön, aber letzten Endes nicht wirklich wesentlich für mein seelisches Befinden.

Einfachheit ist die Schwester der Freude. Wenn wir Freude in uns verspüren, fühlt es sich leicht, mühelos, erhaben an. Die Einfachheit des Seins drückt sich für mich am stärksten in einem Wort aus. Es gibt kein einfacheres Wort als dieses, und doch fällt es uns manchmal so schwer, es auszusprechen. Es ist eigentlich gar kein Wort, sondern mehr nur ein Wörtchen, so klein, so kurz ist es – und doch manchmal so schwierig, es in den Mund zu nehmen. Es ist das Wörtchen „JA".

JA ist das einfachste und zugleich das schwierigste Wort, das ich kenne.

JA zu mir, so wie ich bin. JA zu meiner inneren Herzensstimme. JA zu meinem Leben, so wie es ist. JA zum Partner, so wie er oder sie jetzt ist. JA zu allem, was ist, weil es ist. Bedingungslos. Vorbehaltlos.

Ein weiser ärztlicher Kollege hat seinen Patienten dazu diesen Gedanken mit auf den Weg gegeben: „Es gibt ein sicheres Rezept, unglücklich zu sein: Das abzulehnen, was Sie haben, und das zu wollen, was Sie nicht haben können." Wenn sich unser Leben schwer, anstrengend und mühevoll anfühlt, dann hat es womöglich nur einen einzigen Grund: Wir sagen nicht vorbehaltlos JA. JA zu unserem Leben, so wie es jetzt gerade ist. JA zu dem, was in uns ist.

Vergegenwärtigen Sie sich bitte Ihr Leben, wie es in diesem Moment ist. Bitte prüfen Sie sich selbst … Was taucht da aus Ihrer Mitte auf? Ist es ein: „Ja, schon, aber …", „Ja, vielleicht …", „Ich könnte JA sagen, wenn nur diese eine Sache anders wäre …" Verzeihen Sie, dass ich an dieser Stelle zur Wortklauberei neige: All das ist kein JA. JA hat nur diese beiden Buchstaben „J" und „A". Sonst nichts.

Prüfen Sie immer wieder, ob das, was Sie gerade zu tun gedenken, im Einklang mit Ihrer inneren Stimme geschieht. Sind Sie in Beziehung mit Ihrem Innersten? Fühlt es sich stimmig an? Können Sie aus ganzem Herzen JA zu Ihrem Leben sagen, so wie es jetzt gerade ist?

Wir können Stimmigkeit in unserem Leben daran erkennen, wenn etwas in uns einen Geschmack von Leichtigkeit, Einfachheit und Mühelosigkeit entfaltet. Wir erfahren uns im Fluss des Lebens. Tun wir jedoch etwas, das nicht im Einklang mit unserer inneren Stimme steht, also nicht stimmig ist, sperrt sich in uns etwas dagegen. Dies wird sich auch im Außen bemerkbar machen. Ein geplantes Vorhaben flutscht nicht, sondern wirkt furchtbar kompliziert, verworren und anstrengend. Irgendetwas scheint sich zu sperren, stellt sich quer – und obwohl wir viel Kraft und Energie einsetzen, kommt das geplante Projekt trotzdem nicht recht voran. In einer solchen Situation ist es klug, nicht gewaltsam vorzugehen, sondern einen Schritt zurückzutreten und sich zu fragen: „Will ich das wirklich? Handle ich gerade im Einklang mit meiner inneren Stimme?"

Um im Hier und Jetzt einfach nur *da sein* zu können, müssen wir aber auch bereit sein, unsere Vergangenheit loszulassen. Machen Sie sich bitte bewusst, ob Sie sich aktuell noch immer durch eine bereits länger zurückliegende Aussage beziehungsweise durch ein Verhalten eines Ihnen nahestehenden Menschen gekränkt fühlen. Manchmal leiden wir noch an jahrelang zurückliegenden Kränkungserlebnissen. Womöglich brauchen wir eine gewisse Zeit, um unsere Wunden zu lecken. Doch irgendwann spüren wir, dass es damit auch gut sein darf und wir bereit sein wollen, diesen Schmerz loszulassen.

Damit eine solche Kränkung in uns heilen darf, sind vor allem zwei Dinge vonnöten. Einerseits benötigen wir die Bereitschaft, den damit verbundenen Schmerz tatsächlich zu fühlen. Andererseits sollten wir den festen inneren Entschluss fassen, diesen seelischen Schmerz wirklich loslassen zu wollen. Vielleicht hilft es Ihnen, wenn Sie sich vergegenwärtigen, dass Sie sich und Ihrer Gesundheit selbst das größte Geschenk machen, wenn Sie wirklich vorbehaltlos bereit sind, zurückliegende Kränkungen loszulassen. Schließlich können unbewältigte Kränkungen tatsächliche Krankheiten verursachen.

Einfach sein bedeutet für mich, mit dem mitzugehen, was sich im Hier und Jetzt gerade zeigt. Stehe ich vor einer verschlossenen Tür, so bringt es nichts, diese mit einer Brechstange öffnen zu wollen. Wenn Sie etwas zurücktreten, innehalten, sich und ihre innerste Motivation überprüfen, dann entdecken Sie womöglich eine andere Tür. Gehen Sie zu dieser Tür und schauen Sie, ob diese sich auf einfache, leichte Weise öffnen lässt. Treten Sie durch diese Tür.

An dieser Stelle möchte ich Ihnen eine persönliche Erfahrung einer Reise zum „Heiligen Berg La Verna" in der Toskana schildern. Im 13. Jahrhundert hatte sich Franziskus von Assisi auf diesem Berg für eine Zeit der Stille und des Gebets zurückgezogen. Er, der aus wohlhabendem Hause stammte, entschied sich für ein Leben in großer Einfachheit und suchte sich auf dem Berg La Verna einen Schlafplatz in einer kalten, feuchten Grotte. Nach seinem Tod wurde dort oben eine weitläufige Klosteranlage mit einer großen Basilika, unzähligen Kapellen und einer Vielzahl von kunsthistorischen Schätzen errichtet. Ich sehne mich danach, auf La Verna dem von mir verehrten Heiligen nahe zu kommen. Allerdings war ich zunächst sehr enttäuscht, denn ich fand mich inmitten von Hunderten anderer Touristen wieder. Ich beschloss innerlich, mich von diesem Trubel nicht ablenken zu lassen, sondern meiner Sehnsucht, dem Geist des hl. Franziskus begegnen zu wollen, treu zu bleiben. Plötzlich fand ich mich vor einer unscheinbaren Tür in einem Kreuzgang wieder. Intuitiv öffnete ich sie, trat durch sie hinaus ins Freie und folgte den Stufen, die mich in den nahen Wald führten. Schließlich gelangte ich so direkt zu der einsamen Grotte, die dem Heiligen als Schlafplatz gedient hatte. Ich war für den restlichen Nachmittag mutterseelenallein an diesem mystischen Ort. Hier erspürte ich die Präsenz des von mir so sehr verehrten Heiligen. Das Ziel meiner Reise war erreicht.

Wenn Sie wollen, können Sie mit Hilfe der folgenden Übung erkunden, was es für Sie ganz persönlich bedeutet, einfach zu *sein*.

ÜBUNG
Einfach SEIN

> *Ich habe Ihnen im Folgenden ein paar eigene Gedanken aufgeschrieben, was „Einfach SEIN" bedeuten kann. Lassen Sie diese auf sich wirken und ergänzen Sie dann Ihre eigenen Impulse, was Sie persönlich ganz konkret damit in Verbindung bringen:*
>
> *Einfach SEIN ist ...*

… *in Stille dasitzen*

… *mir die Sonne ins Gesicht scheinen lassen*

… *meinen Atem bewusst wahrnehmen*

… *Dankesworte sprechen*

… *JA sagen*

…

…

…

DIMENSIONEN DER SEELE

LIEBE

Die Liebe ist der Blick der Seele.
SIMONE WEIL

Liebe – so allgegenwärtig dieses Wort in unserem alltäglichen Leben auch sein mag, so ist es doch sehr verwirrend, was darunter alles verstanden wird.

Unzählige Romane, Filme, Lieder handeln davon. In immer neuen Variationen wird auch in der Werbung mit dem Wort oder dem Herz als Symbol für die Liebe versucht, das Geschäft anzukurbeln. So wirbt ein Radiosender mit dem Slogan „Wir lieben die Hits", während eine Schuhkette um die Gunst der Kunden wirbt, „weil wir Schuhe lieben". Herzchen werden nicht nur auf allen möglichen Textilien abgedruckt, sondern auch auf Tassen, Servietten oder anderen Gegenständen des alltäglichen Gebrauchs.

Positiv besetzte Gefühle wie Fürsorge, Geborgenheit, Zugehörigkeit oder Wohlwollen sollen dadurch beim Verbraucher geweckt werden, um letztlich die Umsatzzahlen der beworbenen Produkte zu steigern. Auch auf dem Feld der Erotik wird selbstredend vom „Liebe machen" gesprochen. In Zeitschriften und Magazinen wird Sexualität oftmals gleichgesetzt mit dem Begriff der Liebe.

Auf vielfältige Weise wird die Liebe scheinbar veräußert – dabei ist sie in Wahrheit Ausdruck unseres Innersten. Sie ist der Blick der Seele, wie Simone Weil sagt. Einen Blick auf etwas richten, bedeutet, eine bestimmte Perspektive, Haltung, Gesinnung zum Ausdruck zu bringen. Der Blick der Seele bedeutet zuallererst, einen einfühlsamen, warmherzigen, bedingungslosen Blick der Verbundenheit und der Zugehörigkeit auf jemanden richten. Wollen wir der Seele in unserem Leben wieder mehr Raum geben, so bedeutet dies auch, der Haltung der Liebe, der Haltung der Verbundenheit in unserem Leben wieder neu die Tür zu öffnen.

Ein allseits verbreiteter Irrtum besteht in der Vorstellung, Liebe sei ein Gefühl. Viele missverstehen Liebe als eine Emotion, der man sich hingibt und die einen dann dauerhaft auf Wolke sieben entführt. Aber Liebe ist kein Gefühl. Gefühle sind vielmehr Reaktionsweisen unseres Menschseins, um mit den Veränderungen des Lebens zurechtzukommen und uns auf unsere Bedürfnislage aufmerksam zu machen.

Unser Leben ist permanent im Fluss und fordert von uns immer wieder neue Anpassungsleistungen auf das, was gerade geschieht. Gefühle wollen uns dabei helfen. Gefühle kommen und gehen – so wie es die Veränderungen des Lebens gerade erforderlich erscheinen lassen. Verlässt uns beispielsweise ein naher Mensch, so werden wir ein Gefühl der Trauer entwickeln. Dieses Gefühl hilft uns dabei, die Verlusterfahrung zu bewältigen und unser Bedürfnis nach Trost oder Unterstützung in der aktuellen Lage wahrzunehmen und zu stillen. Nach einer Weile wird dieses

Gefühl wieder abklingen und anderen Gefühlen die Bühne des Lebens überlassen.

Liebe ist also kein Gefühl, denn Liebe ist eine Haltung. Liebe ist eine Einstellung. Sie ist die Einstellung des „Ja – ich bin mit Dir verbunden", „Ja – ich empfinde eine tiefe Zugehörigkeit zu Dir". Wir können diese Haltung der Verbundenheit an dem Band der Liebe erkennen, das zwischen Eltern und ihren Kindern zeitlebens besteht. Ganz egal, was auch geschehen mag: Eltern werden immer eine innerliche Verbundenheit zu ihren Kindern empfinden, selbst wenn sie es äußerlich nicht zeigen oder mit bewusstem Leben füllen können.

Im Laufe der jahrelangen Erziehung machen Eltern in Bezug auf ihre Sprösslinge unterschiedlichste Gefühlszustände durch. Sie reichen von Fürsorge, Wohlwollen über Ängste, Ärger bis zu Ohnmacht, Wut – je nachdem, was die aktuelle Lebenssituation gerade für Herausforderungen an sie stellt. Doch die innere Gewissheit, sich seelisch tief verbunden zu fühlen, ficht all das nicht an. Eltern wollen in aller Regel zu ihren Kindern stehen – durch alle Höhen und Tiefen des Lebens hindurch.

Aber auch für alle anderen Formen der Liebe wie Heimatliebe, Tierliebe oder Nächstenliebe gilt: Das Wesen der Liebe ist die Haltung der Verbundenheit.

Was ist das Gegenteil von Liebe? Würden wir Liebe mit dem Gefühl von Wohlwollen gleichsetzen, so wären wir geneigt zu denken, dass Hass das Gegenteil von Liebe sei. Aber auf einer emotionalen Ebene sind sich Wohlwollen und Hass sogar recht ähnlich, da sie zwei Personen innerlich stark miteinander verbunden halten. Es sind quasi die helle und die dunkle Emotion einer wechselseitigen Beziehung. Es sind zwei Seiten einer Medaille.

Der Friedensnobelpreisträger und Holocaustüberlebende Elie Wiesel hat dazu bemerkt: „Das Gegenteil von Liebe ist nicht Hass, sondern Gleichgültigkeit. Das Gegenteil von Leben ist nicht Tod, sondern Gefühllosigkeit."

Die innere Haltung der Gleichgültigkeit und der Ignoranz ist das eigentliche Gegenteil von Liebe. Freud und Leid eines anderen rühren mich nicht, da ich keine Beziehung zu diesem Menschen verspüre. Gleichgültigkeit führt zur Vereinzelung des Menschen und zur Entsolidarisierung in einer seelenlosen Welt. Liebe hingegen ist das Band, das uns Geborgenheit, Aufgehobensein und die Erfahrung von Angenommensein schenkt.

Liebe ist der Blick der Seele. Liebe ist die Sprache der Seele. Ein Mensch, der in Beziehung mit seiner Seele ist, ist ein Liebender. Je tiefer wir in Verbindung mit unserem Innersten sind, umso fähiger werden wir, unserer Liebe Ausdruck zu verleihen.

Mit der folgenden Wahrnehmungsübung können Sie sich vergegenwärtigen, wie Sie mittels Ihrer Hände Ihre Liebe ganz konkret zum Ausdruck bringen können.

ÜBUNG
Unsere Hände sind die Erweiterung unseres Herzens

Setzen Sie sich bequem hin. Legen Sie Ihre Hände ineinander in Ihren Schoß, so dass sie eine nach oben geöff-

nete Schale bilden. Wenn es Ihnen möglich ist, schließen Sie die Augen. Lassen Sie Ihren Atem aus dem Brustraum über die Oberarme und Unterarme in die Hände hineinfließen. Nehmen Sie Ihre Hände bewusst wahr. Bedanken Sie sich bei Ihren Händen für all die wunderbaren Möglichkeiten, die Sie dadurch haben, das Leben zu ergreifen und Ihrer Lebendigkeit Ausdruck zu verleihen.

Nun vergegenwärtigen Sie sich, dass Ihre Hände über die Arme mit dem Brustraum und somit auch mit Ihrem Herzensraum verbunden sind. Ihre Hände sind die Erweiterung Ihres Herzens. Mit Ihren Händen können Sie Ihrem Herzen Ausdruck verleihen. Sie können umarmen, sie können zärtlich berühren, sie können auf unterschiedliche Weise Ihre Herzlichkeit handelnd Wirklichkeit werden lassen. Tatsächlich können Sie über Ihre Hände Ihrem Innersten Ausdruck verleihen.

Spüren Sie tief in Ihre Hände hinein. Was taucht in Ihrer Schale auf? Mit welchen Bildern, Erinnerungen, Empfindungen ist Ihre Herzensschale in diesem Augenblick erfüllt? Welche Sehnsucht spüren Sie?

VERBUNDENHEIT

Wenn wir eine Blume tief betrachten, mit Konzentration und Einsicht, dann sehen wir, dass sie ausschließlich aus Nicht-Blumen-Elementen zusammengesetzt ist. Wenn wir eine Blume schauen, sehen wir die Wolke: Ohne Regen kann es keine Blume geben.

> Wir sehen die Sonne, ohne die keine Blume wachsen kann. Wir sehen die Erde und den Gärtner, wir sehen Zeit und Raum – alle Elemente, die zusammengekommen sind, damit die Blume sich manifestieren kann. Das ist die Natur des Interseins: Alles Leben durchdringt sich und ist miteinander verwoben. Es gibt nichts, was ganz allein aus sich selbst heraus existieren kann.
>
> THICH NHAT HANH

Betrachten Sie doch einmal unter dieser Perspektive eine Zimmerpflanze in Ihrer Wohnung: Können Sie sich vorstellen, dass in ihr sowohl das Licht der Sonne, die Mineralien der Erde, die Lebendigkeit des Wassers als auch Ihre eigene Fürsorge enthalten sind? Ohne all diese Kräfte wäre sie nicht diese Pflanze, die sie jetzt ist.

Auch wir selbst wären nicht der Mensch, der wir jetzt sind, ohne die Fürsorge anderer Menschen, die sich uns geschenkt haben. Von Anbeginn unseres Lebens bedurften wir der Verbundenheit. Die Nabelschnur ist sichtbarer Ausdruck, wie überlebensnotwendig eine wechselseitige Verbindung, in der es ein Hin- und Herfließen gab, für uns war. Eine bedeutsame Verbindung beruht auf Wechselseitigkeit und wirkt immer in beide Richtungen. In einer erwachsenen Partnerschaft braucht es eine gemeinsame Fürsorge, damit sich beide Partner genährt fühlen. Wir können uns gegenseitig Kraft und Unterstützung schenken, wenn wir für die eigenen Bedürfnisse und die Bedürfnisse des anderen offen sind.

Ebenso hängt unser Leben ganz existenziell von unserer natürlichen Umwelt ab. Essen wir von den Früchten der Erde, so werden diese wahrhaft ein Teil von uns. Wir nehmen aber nicht nur eine Pflanze oder eine Beere zu uns, sondern auch die Energie der Sonne, die Kraft des Wassers, die Mineralien der Erde, die darin enthalten sind. Vergiften wir die Böden, indem wir sie überdüngen, oder vermüllen wir die Meere mit unserem Plastikabfall, so wird dies eines Tages auf uns zurückfallen. Wir nehmen die Pflanzen der Erde und die Tiere des Meeres wiederum als Nahrung in uns auf und somit all das, was wir unserer natürlichen Mitwelt zuvor zugemutet haben. Indem wir unsere Wahrnehmung für unsere Mitwelt schärfen, wird auch unser Umweltbewusstsein stärker und wandelt sich schließlich mehr und mehr zu einem Mitweltbewusstsein.

Alles ist mit allem verbunden. Auf der seelischen Ebene können wir tiefe Einsichten darüber bekommen, was Verbundenheit wirklich bedeutet. Wir können uns selbst als einen Knotenpunkt, eingewoben in ein Netz aus vielfältigen Fäden, verstehen. Ein Netz, das aus vielen Verbindungen gewoben ist, kann uns Halt geben und uns durch schwierige Zeiten hindurch tragen. Bedeutsame Verbindungen – sowohl zu Menschen als auch zu Nicht-Menschen – sind eine wichtige Ressource in stürmischen Zeiten.

Die folgende Darstellung möchte die bedeutsamen Verbindungen im Leben von uns Menschen aufzeigen, wie sie schon von Naturvölkern beschrieben worden sind.

Naturvölkern ist auf eine existenzielle Weise bewusst, wie notwendig – die Not wendend – dieses Netz an haltgebenden Verbindungen ist. Krankheit wird als Ausdruck verloren gegangener Verbindungen verstanden. Die Aufgabe des Medizinmannes ist es daher, Heilung durch die Wiederherstellung von Verbindungen, wie etwa eine Rückverbindung zu verloren gegangenen Seelenanteilen, zu ermöglichen.

(Die Abbildung geht zurück auf Patrick Schank.)

Letztlich drückt der christliche Sündenbegriff im Kern ebenfalls ein Abgesondertsein, ein Getrenntsein des Menschen aus. Das Wort „Sünde" leitet sich vom altnordischen Verb „sundr" ab, was so viel wie trennen, absondern heißt. Der katholische Priester Elmar Gruber hat ein nicht gelebtes Leben als die größte Sünde der Menschen bezeichnet. Wie wahr! Ist dies doch Ausdruck der Unverbundenheit und der Abgetrenntheit des Menschen mit dem unfassbar großen Geschenk des Lebens.

Wir modernen Menschen mögen die Notwendigkeit von Verbindungen nicht mehr auf eine so unmittelbar existenzielle Weise erfahren. Wir fühlen uns autonomer, leben wir doch weit weniger in Kontakt zu einer Sippe, zur Natur, zu religiösen Gebräuchen oder zu unseren Ahnen. Ja, oftmals leben wir sogar getrennt von unserem eigenen Selbst, ohne dies zu bemerken. Daher geraten wir allzu leicht in die Versuchung, unser eigenes haltgebendes Netz nicht mehr so zu pflegen, wie es gut für uns wäre.

Unsere Krankheiten und unsere Krisen bringen dieses Abgetrenntsein oftmals auf schmerzliche Weise zum Vorschein. Sie wollen uns auffordern, unser haltgebendes Netz der Verbindungen wieder neu zu weben. Wir nähren unsere Verbindungen dadurch, dass wir uns ihrer Bedeutung erinnern. Wir stärken die jeweiligen Verbindungen, indem wir unsere Anerkennung, Wertschätzung und Dankbarkeit ausdrücken.

Ganz konkret pflegen wir auch unsere Verbindungen, wenn wir unsere Zeit für sie investieren. Zwischenmenschliche Beziehungen können wir in besonderer Weise durch körperliche Nähe, Intimität und einem von Herzen kommenden Ausdruck von Mitgefühl stärken. In einer leistungs- und wettbewerbsorientierten Welt sind wir so sehr darauf getrimmt, uns zu fragen: „Wer ist stärker/besser?" Stattdessen sollten wir uns fragen: „Wie erfahren wir uns wechselseitig zugehörig?" So ist Konkurrenz und Neid zu einem alltäglichen, zerstörerischen Gift für unsere zwischenmenschliche Verbundenheit geworden.

Doch auch für uns moderne Menschen gilt: Alles ist wahrhaft mit allem verbunden.

Die konkrete Erfahrung von Verbundenheit ist überlebensnotwendig. Sie kann uns helfen, achtsamer mit uns und unserer Mitwelt umzugehen. Sie kann uns lehren, auf tiefere Weise einander Respekt, Achtung, Wertschätzung und Mitgefühl entgegenzubringen. Dies gilt für alle menschlichen Wesen, denen wir als Menschheitsfamilie zugehörig sind. Es gilt aber auch für alle anderen Lebewesen, denen wir durch das gemeinsame Lebensprinzip verbunden und zugehörig sind.

Letztlich gilt es auch für unsere gemeinsame Heimat, die wir alle in diesem Universum auf dem blauen Planeten Erde gefunden haben. Mutter Erde, wie unser Planet in nativen Kulturen liebevoll genannt wird. Das Wort „Mutter" bezeichnet trefflich die enge Bindung, die verwandtschaftliche Bezogenheit zwischen uns Menschen und unserer natürlichen Lebensgrundlage, die uns trägt und nährt.

Albert Schweitzer hat dieses Prinzip der Verbundenheit auf unvergleichlich ehrfürchtige Weise ausgedrückt: „Ich bin Leben, das leben will, inmitten von Leben, das leben will."

Das Gefühl von Ehrfurcht löst in uns eine Wahrnehmung von Größe oder Weite aus, die uns selbst einbezieht und in Verbindung bringt mit etwas, was über uns hinausweist. Ehrfurcht zu empfinden wird auch als ein zentrales religiöses Grunderleben verstanden, da es in uns ein Ergriffensein und die Verbundenheit mit einer höheren Wirklichkeit ermöglicht.

Das Wort „Religion" wiederum leitet sich vom lateinischen „religare" ab, was so viel bedeutet wie rückbinden, wiederherstellen. So betrachtet ist die eigentliche Aufgabe der Religionen, uns als Menschen wieder zu verbinden, verloren gegangene Beziehungen wieder zu heilen. Es ist dies zunächst die verloren gegangene Beziehung zu uns selbst, zu unserem Innersten, zu unserer Seele. Im Wort „Seel-sorge" drückt sich dieses zentrale Anliegen auf sehr stimmige Weise aus. *Re*ligion meint zudem die Wiederherstellung der Verbundenheit zu unseren Mitmenschen. Dies geschieht vor allem durch die Erfahrung von Mitgefühl, von wohlwollendem Bezogensein, praktizierter Nächstenliebe und der gegenseitigen Einladung: „Willkommen in der Familie der Menschen".

Es bräuchte aber auch ein gegenseitiges Verbundensein der verschiedenen Religionen – als Teil einer gemeinsamen Aufgabe, der Wiederverbindung des Menschen mit dem Göttlichen. Sind die einzelnen Religionen letztlich nicht einfach unterschiedliche Brunnen, die aus einem gemeinsamen Reservoir an Grundwasser frisches Wasser aus der Tiefe schöpfen?

Schließlich können wir auch mit unseren Vorfahren in Verbindung treten, indem wir zum Beispiel ihre Gräber besuchen, uns in Dankbarkeit ihrer erinnern oder auf andere Weise Kontakt zu ihnen aufnehmen. So kann auch diese Verbindung für uns zu einer Quelle der Kraft und Ermutigung werden.

> Wie alle Wesen ist der Mensch Teil des Ganzen, das wir „Universum" nennen, und rein äußerlich betrachtet von Raum und Zeit begrenzt. Er erfährt sich selbst, seine Gedanken und Gefühle als etwas, das ihn von den anderen trennt; eine Art optischer Täuschung des gewöhnlichen Bewusstseins. Diese Täuschung ist wie ein Gefängnis, das unsere persönlichen Wünsche und unsere Zuneigung auf einige wenige Menschen beschränkt, mit denen wir näher zu tun haben. Unsere wirkliche Aufgabe besteht darin, uns aus diesem Gefängnis zu befreien, indem wir unser Mitgefühl und unsere Fürsorge auf alle Wesen und die Natur in ihrer ganzen Schönheit gleichermaßen ausdehnen. Auch wenn uns dies nicht vollständig gelingt, so ist doch bereits das Streben nach diesem Ziel Teil der Befreiung und die Grundlage für das Erlangen inneren Gleichgewichts.
>
> ALBERT EINSTEIN

Vertrauen

Vertrauen bedeutet, sich vorbehaltlos auf jemand anderen oder etwas anderes zu verlassen. In mir taucht dazu ein

Bild von meinem dreijährigen Sohn auf, wie er sich auf einem Abenteuerspielplatz mit seinen kleinen Händen zwei Meter über dem Erdboden an einer Reckstange festhält. Ich stehe hinter ihm und rufe ihm zu: „Lass los." Er löst seine Händchen von der Reckstange und lässt sich, ohne mich sehen zu können, einfach nach unten fallen – in der Gewissheit, dass er aufgefangen werden wird.

Vertrauen hat viel mit Loslassen, Sich-fallen-Lassen, Sich-Anvertrauen zu tun. Derjenige, der vertraut, macht nichts, er lässt geschehen. Derjenige, der vertraut, gibt die Kontrolle ab und gibt sich hin.

Wir können unser Leben nur dadurch bewältigen, dass wir immer wieder Vertrauen wagen. So vertrauen wir uns der Technik eines Flugzeugs und den Fähigkeiten eines uns unbekannten Piloten an, um die Erfahrung des Fliegens machen zu können. Wir steigen in einen Fahrstuhl ein, im Vertrauen, dass er nicht ins Bodenlose fällt, sondern uns zur gewünschten Etage befördert. Immer wieder müssen wir Vertrauen wagen, einen Vertrauensvorschuss riskieren, um gut leben zu können.

Wir müssen nicht nur technischen Errungenschaften oder anderen Menschen Vertrauen entgegenbringen, sondern auch uns selbst. Wir brauchen Vertrauen in unsere Fähigkeiten, um uns mutig neuen Herausforderungen stellen zu können. Wir brauchen Vertrauen in unseren Körper, um uns physisch anstrengenden Situationen, wie zum Beispiel einer Bergtour, aussetzen zu können. Wahrer Mut gründet im Vertrauen auf die eigenen Fähigkeiten und Ressourcen. Übermütigen Menschen hingegen scheint eine realistische Selbsteinschätzung abhanden gekommen zu sein. Übermut gründet nicht im echten Vertrauen, sondern in den eigenen Größenfantasien.

Für viele Menschen ist das Thema Vertrauen ein heikles Terrain. Vertrauen kann missbraucht werden. Wichtige Bezugspersonen haben uns womöglich in der Vergangenheit enttäuscht, uns im Stich gelassen, sich als nicht wirklich vertrauenswürdig erwiesen. Werden wir in frühester Kindheit nicht in angemessener Weise aufgefangen und gehalten, kann dies zu traumatischen Erfahrungen führen und unser Urvertrauen ins Leben nachhaltig beschädigen.

Es kann sehr schmerzlich sein, wahrzunehmen, wie viel Nicht-Vertrauen in uns ist. Gleichzeitig kann es aber auch heilsam sein, dieser Realität in uns zu begegnen. Ehrlich zu sein.

Und doch führt kein Weg daran vorbei, dass wir immer wieder neu Vertrauen in andere Menschen, in uns selbst und in das Leben wagen müssen, um ein erfüllendes und gelingendes Leben führen zu können. Ganz besonders bedürfen wir eines wie auch immer gearteten Vertrauens in das Leben. Steve Jobs hat in der eingangs zitierten Rede vor Absolventen der Stanford Universität den jungen Graduierten zugerufen: „Sie müssen auf etwas vertrauen – auf Ihr Bauchgefühl, Ihr Schicksal, Ihr Leben, Ihr Karma, oder was auch immer." Offenbar hatte Steve Jobs ein solches tiefes Vertrauen, sonst hätte er nicht so mutig sein können und seine Visionen, für die sein Herz brannte, umsetzen können.

Um unseren Weg des Herzens gehen zu können, brauchen wir Vertrauen. Vertrauen ermöglicht uns, mutig zu sein. Das französische Wort für Mut lautet „courage". Es leitet sich von „cœur" (das Herz) ab und drückt aus, dass wir uns beherzt, also mit einem offenen, weiten Herzen auf eine Situation einlassen können. Das Gegenteil von weit ist eng. Es sind unsere Ängste – vom Lateinischen „angusta" = die Enge, die Engstelle –, die unser Herz eng werden lassen. Offenbar geht es im Leben aber darum, unser Herz immer wieder weit zu machen. So können wir mutig und beherzt unsere Schritte gehen, mit all den Ängsten, die in uns wohnen. Fehlt uns ein Empfinden von kindlichem Urvertrauen, so dürfen wir uns dennoch als Erwachsene, in kleinen Schritten, immer wieder selbst neues Vertrauen schenken.

Wir brauchen ein Vertrauen, welches nicht nur in andere Menschen oder in uns selbst begründet ist, sondern ein Vertrauen ins Leben. Wir bedürfen eines Vertrauens auf etwas Größeres. Ein Vertrauen, dass uns auf einer seelischen Ebene etwas unterstützen und begleiten möchte. Ein Vertrauen, dass es eine Instanz gibt, die unser Allerbestes möchte, deren Führung wir uns anheimstellen können.

C. G. Jung sprach davon, dass er sich vor allem in schwierigen Zeiten immer wieder an seine Anima, seine Seele, wandte. Unserer Seele zu vertrauen ist sicher kein einfaches Unterfangen. Es bedeutet, sich einer Kraft anzuvertrauen, die uns womöglich in eine Richtung führen möchte, die unser kognitiver Verstand so nicht eingeschlagen hätte. Es bedeutet zu vertrauen, dass da eine Kraft in uns spürbar ist, die mehr weiß, als unserem eigenen Verstand gerade zugänglich ist.

Unser Nicht-Vertrauen in andere Menschen hat viel damit zu tun, dass wir unserer eigenen Seele noch nicht ganz vertrauen. Sind wir in Beziehung mit unserer Seele, so können wir einerseits spüren, in welcher Situation und bei welchen Menschen wir uns schützen müssen und bei welchem Menschen wir uns andererseits hingeben und anvertrauen dürfen. Ein guter Freund, Anfang 60, der große Ängste vor medizinischen Eingriffen und insbesondere vor Operationen mit Vollnarkose hat, berichtete mir Folgendes:

Mein Orthopäde riet mir dringendst zu einem künstlichen Hüftgelenk. Obwohl ich stärkste Schmerzen hatte, wollte ich mich zunächst nicht operieren lassen. Ich hatte große Befürchtungen, was alles schiefgehen könnte und dass ich womöglich gar nicht mehr aus der Narkose erwachen würde. Ich beschloss, meine Seele um Hilfe zu bitten. Ich nahm mir Zeit, um mich innerlich zu entspannen. Dann legte ich mich mit geschlossenen Augen auf meine Yogamatte und atmete ganz ruhig. Ich sprach zu meiner Seele und bat sie, mir eine Antwort auf die Frage zu geben, ob ich mich einer solchen Operation anvertrauen sollte. Nach einer Weile tauchte in mir das Bild einer schönen hügeligen Landschaft auf. Auf dem Hügel vor mir stand eine sehr alte Kapelle, die sich wohl schon seit Jahrhunderten dort befand. Einem inneren Impuls folgend, wanderte ich in meiner Vorstellung hügelaufwärts zur Kapelle. Ich öffnete die Tür und trat ein. Da sah ich, wie diese uralte Kapelle von innen her durch kräftige Metallstützen gehalten wurde. In diesem

Moment war mir klar, dass ich mich operieren lassen sollte: Ich selbst bedurfte einer Unterstützung in Form einer metallenen Hüftprothese. Mir war urplötzlich ganz klar, dass ich Vertrauen in die OP haben durfte. Ich war total erstaunt, wie angstfrei ich auf die Operation zugehen konnte und wie komplikationslos alles verlief. Jetzt kann ich wieder schmerzfrei gehen und ich bin voller Dankbarkeit über diese mutige Entscheidung.

Man hatte vor tausend Dingen Angst,
vor Schmerzen …
vor dem eigenen Herzen,
man hatte Angst vor dem Schlaf,
Angst vor dem Erwachen,
vor dem Alleinsein …
vor dem Tode – namentlich vor ihm, dem Tode.

Aber all das waren nur Masken und Verkleidungen.
In Wirklichkeit gab es nur eines,
vor dem man Angst hatte:
das Sich–fallen–lassen,
den Schritt in das Ungewisse hinaus,
den kleinen Schritt hinweg
über all die Versicherungen, die es gab.

Und wer sich einmal,
ein einziges Mal hingegeben hatte,
nur einmal das große Vertrauen geübt
und sich dem Schicksal anvertraut hatte,
der war bereit.

> Er gehorchte nicht mehr den Erdgesetzen,
> er war in den Weltraum gefallen
> und schwang im Reigen der Gestirne mit.
>
> HERMANN HESSE

SEHNSUCHT

Unsere Seele ist *potentiell*. Sie hat ein Wissen darum, wie wir das in uns angelegte Potential zur Entfaltung bringen können. In uns schlummert eine Lebenskraft, die sich durch uns und durch unser konkretes Leben entfalten und ausdrücken möchte.

Haben Sie schon einmal eine Löwenzahnpflanze bestaunt, die sich durch die Ritzen eines gepflasterten Bürgersteigs nach oben hin zum Licht der Sonne ausstreckt? Welch eine „Grünkraft" wohnt dieser kleinen Pflanze inne, dass sie sich, den unwirtlichen Umständen trotzend, durch die Ritzen zweier Pflastersteine hin nach oben zur Sonne streckt, um eines Tages selbst wie eine kleine gelbe Sonne zu strahlen! Auch wenn wir diese kleine Pflanze als Unkraut bezeichnen, da sie an Stellen wächst, wo wir sie nicht hingesät haben, sondern der Wind ihre Samen hingetragen hat, so ist sie doch ein ausgezeichneter Lehrmeister in Sachen Lebenskraft. Wir alle tragen in uns eine Kraft, die sich durch unser je eigenes Leben realisieren und ausdrücken möchte.

Stellen Sie sich vor, dass wir alle eine Art „Geburtsgeschenk" bekommen haben. So wie wir auf die Welt kommen, haben wir ganz besondere, ganz individuelle Anlagen, die einzig und allein deswegen in uns schlummern, um sich durch unser Leben ausdrücken zu dürfen. Wir alle haben etwas in uns, das wir dieser Welt schenken möchten. Es ist unser ganz eigener Ausdruck unserer individuellen Seele. Ihre Weise, wie sie die in uns wohnende Kraft Wirklichkeit werden lassen möchte.

Bleiben wir hinter unserem Potential zurück, so wird unsere Seele Wege suchen, um uns zu erinnern. Daran, dass aus uns noch nicht das geworden ist, was wir hätten werden können.

Vielleicht sind folgende Impulsfragen an dieser Stelle für Sie hilfreich:

Was ist Ihr eigenes „Geburtsgeschenk"? Haben Sie es schon entdeckt und zur Entfaltung gebracht? Was haben Sie davon noch nicht erfüllt? Was will in Ihrem Leben daraus noch werden?

Unsere Seele will uns helfen, uns aus der Einengung unseres bisherigen Gewordenseins zu befreien – hin zum Werdenkönnen. Sie scheut nicht davor zurück, uns Gefühle des Unzufriedenseins oder des Neids zuzumuten, um uns an unser noch ungelebtes Potential zu erinnern. Gerade der Neid, den wir auf einen anderen Menschen empfinden, will uns eine wichtige Information zukommen lassen. Neid weist uns auf unser noch ungelebtes Potential hin. Beim Neid geht es im Grunde gar nicht darum, dass wir jemand anderem sein Glück, sein Talent, seine Fähigkeiten nicht gönnen. Es geht vielmehr darum, anzuerkennen, dass in uns ein Potential an gelingendem Leben, an ungelebten Talenten und brachliegenden Fähigkeiten schlummert. Die Seele ruft uns zu: Du darfst nicht bleiben, wo du bist! Mach dich auf den Weg! Lauf los!

Die Seele ahnt, dass unser Leben so noch nicht stimmt. Sie sucht einen Weg für ihr eigenes Sehnen. Wir nennen diesen Seelenzustand gewöhnlich Sehnsucht. Die Seele lässt uns keine Ruhe. Sie will verhindern, dass wir uns mit dem gemütlichen Elend zufriedengeben. Sie will nicht, dass wir in unserem selbsterschaffenen Unglück verharren. Laufen wir Gefahr, zu unbeweglichen Eisblöcken zu erstarren, will sie uns aufweichen:

> Alle Bücher der Welt voll Gedanken und Gedichten
> sind nichts gegen eine Minute Schluchzen,
> wo Gefühl in Strömen wogt,
> Seele tief sich selber fühlt und findet.
> Tränen sind schmelzendes Seeleneis, dem Weinenden
> sind alle Engel nah.
>
> HERMANN HESSE

Manchmal ist es ein anderer Mensch, der uns durch sein eigenes Beispiel ermutigt. Ein Mensch, der sich in Offenheit dir zuwendet und dich nicht auf deine selbstgemachten Einschränkungen festlegt. Ein Mensch, der sein eigenes Potential lebt und entfaltet. Einer, der dir seelisch ganz nahe ist, den du einen Seelenbruder oder eine Seelenschwester nennst. Er erinnert dich an die Melodie deines eigenen Lebens, die du womöglich selbst vergessen hast. Ja, da ist ein Gleichklang! Ja, da ist ein gemeinsames seelenverwandtes Sehnen! Begegnungen mit Seelengefährten wollen uns unterstützen, unsere eigenen Entwicklungspotentiale zu leben: „Wach auf! Gib nicht auf! Ergib dich nicht deinen eigenen einengenden Mustern! Resigniere nicht vor den Einschränkungen, die andere oder du selbst dir auferlegt haben! Tu das Mögliche, dann geschieht das Unmögliche!" Gerade in tiefen Freundschaften können wir erfahren, wie sehr wir uns gegenseitig unterstützen und ermutigen dürfen. Der griechische Philosoph Aristoteles sprach davon, dass Freundschaft eine Seele in zwei Körpern sei. Ein schönes Bild, wie ich finde.

In uns allen wohnt eine Kraft, die uns stärken und leiten will. Eine Kraft, die uns helfen will, der Mensch zu sein, als der wir gemeint sind. Es ist die Sehnsucht der Seele, die anklopft. Werden Sie ihr öffnen? Machen Sie die Tür auf und machen Sie sich auf den Weg – Ihren Weg. Ihren Weg zu Ihrem wahren Selbst. Ihren Weg in diese Welt. Ihren Weg mit Ihrem Lachen, Ihrem Strahlen, Ihrer Lebendigkeit.

Auf einer seelischen Ebene geht es in unserem Menschsein genau darum: unser eigenes Wachstum zu unterstützen, unsere Erkenntnisfähigkeit zu fördern und unsere Liebesfähigkeit zu stärken. Gleichzeitig sind wir Menschen auch füreinander eine Quelle der Unterstützung und Ermutigung. Einer meiner Patienten hat die emotionale Unterstützung durch die anderen Mitpatienten treffend zusammengefasst: „Im Grunde hatte ich die tiefe Überzeugung, nicht liebenswert zu sein. Aber nachdem so viele Menschen mir hier zu verstehen gaben, dass sie mich mögen, habe ich mir letztlich selbst gesagt: Dann kann ich das auch, dann darf ich mich selbst auch mögen."

Unsere Seele eröffnet einen Raum, in dem wir wirklich wir selbst sein können und nicht nur als das Produkt unserer Vergangenheit vorkommen.

Die nachfolgende Übung habe ich während meiner zweiwöchigen Visionssuche kennengelernt und als sehr hilfreich erlebt.

ÜBUNG
Die drei Kuhlen

Nehmen Sie sich etwa zwei Stunden Zeit. Gehen Sie in einen nahe gelegenen Wald. Sammeln Sie eine größere Anzahl Fichtennadeln, die Sie bequem mit Ihren Händen aufnehmen können. Finden Sie einen Ort, an dem Sie sich ungestört niederlassen können. Dann formen Sie im Waldboden drei kleine Kuhlen, die für drei Aspekte Ihres Lebens stehen:

Die erste Kuhle steht für die wertvollen Erfahrungen, die Sie in Ihrem bisherigen Leben bereits realisieren konnten. Erfahrungen, die Sie dankbar werden lassen. Legen Sie für jede Erfahrung eine Fichtennadel in die Kuhle.

Dann wenden Sie sich mit Ihrer ganzen Aufmerksamkeit der zweiten Kuhle zu. Diese steht für die Sehnsüchte, die Sie als Kind oder als junger Erwachsener in sich getragen haben, aber nun angesichts Ihres Alters, Ihrer Lebensverhältnisse, Ihrer realen Beschränkungen nicht mehr realisieren werden können. Für jede diesbezügliche Erinnerung, die Ihnen dazu einfällt, legen Sie wiederum eine Fichtennadel in diese Kuhle.

Nun wenden Sie Ihre Aufmerksamkeit der dritten Kuhle zu. Sie steht für Ihre bisher ungelebten Träume, die Sie in Ihrem Leben noch verwirklichen möchten und die noch immer realisierbar erscheinen. Legen Sie wiederum für jeden auftauchenden Impuls eine Fichtennadel in diese Kuhle.

Nun betrachten Sie alle drei Kuhlen. Was löst der Anblick in Ihnen aus? Was ist Ihr Entschluss, mit dem Sie dieses kleine Ritual beenden möchten? Am Ende decken Sie alle drei Kuhlen wieder mit Erde zu, so dass der Waldboden in seinen ursprünglichen Zustand zurückkehrt.

SCHÖNHEIT

> Nur jemand, der weiß, was Schönheit ist, blickt einen Baum oder die Sterne oder das funkelnde Wasser eines Flusses mit völliger Hingabe an; und wenn wir sehen, befinden wir uns im Zustand der Liebe.
>
> KRISHNAMURTI

Schönheit liegt im Auge des Betrachters – dies hat schon der griechische Historiker Thukydides im 5. Jahrhundert vor Christus formuliert. Es liegt also an unserem Blick auf uns und auf die Welt, ob wir unsere eigene Schönheit und die Schönheit des Lebens wirklich wahrnehmen – oder eben auch nicht.

So wie das wärmende Licht der Sonne die Blumen entfalten lässt und sie lockt, sich mit all ihren wundervollen Blütenblättern zu zeigen, so ist es auch der warme, wohlwollende Blick des Menschen, der Schönheit hervorzuzaubern vermag. Vielleicht kennen Sie die Erfahrung, wie Sie selbst innerlich aufblühen, wenn da ein wohlwollender Mensch auf Sie blickt: Sie fühlen sich gesehen, Sie beginnen innerlich zu strahlen, Ihre Augen leuchten, ein Glanz breitet sich in Ihrem Gesicht aus. Sie fühlen sich angenommen, so wie Sie sind. Sie fühlen sich geliebt. Sie sind Schönheit.

Vor Jahren lebte ich für eine Weile im Südwesten von England. Ich genoss während dieser Zeit die herrlichen Küstenlandschaften dieser wunderschönen Region. Aber ich erfreute mich auch an dem feinen englischen Humor sowie der besonderen Gabe meiner englischen Gastgeber, mit Wörtern zu spielen. So wurde zum Beispiel aus dem Wörtchen „beautiful" die Wortschöpfung „be YOU tiful". Für mich erfasste dieses Wortspiel eine tiefe Wahrheit: Sei du ganz du selbst! Darin liegt deine eigentliche Schönheit. Sei ein Original! Versuche niemanden zu kopieren. Es gibt nichts zu kopieren. In der Natur ist jedes Wesen einzigartig. Sei auch du einzigartig! Sei DU! Bejahe dich, so wie du bist! Darin liegt deine eigentliche Schönheit.

Unsere Augen werden auch als Fenster zur Seele bezeichnet. Blicken Sie jemanden mit Offenheit und wohlwollendem Interesse in die Augen, so werden Sie dort etwas über sein Innerstes erfahren können: Wie es diesem Menschen gerade wohl ergeht, ob seine Seele erfreut ist oder wie sehr er gerade seelisch belastet sein mag. Die Seele kann durch die Augen sprechen und mit einem Blick küssen. Ein alttestamentliches Wort aus dem Buch Hiob lautet: „Bisher kannte ich dich nur vom Hörensagen, doch jetzt habe ich dich mit meinen eigenen Augen gesehen."

Um in unserer hektischen Welt die Schönheit des Lebens wirklich sehen zu können, benötigen wir auch immer wieder Momente der Stille, der Verlangsamung, damit wir nicht am Schönen des Lebens vorbeirauschen. Neulich sah ich an der Autobahn ein Schild mit der Aufschrift: „Das Leben ist schön. Runter vom Gas." Ja, oftmals rasen wir nicht nur auf der Autobahn durch die Landschaft, sondern wir rasen ebenso mit hoher Geschwindigkeit durch unser Leben und haben daher gar keinen Blick mehr für das Schöne. Indem wir langsamer werden, können wir auch besser in Verbindung mit dem gehen, was sich uns da zeigen möchte – und dadurch auch die Schönheit im Alltäglichen erst richtig wahrnehmen.

An dieser Stelle möchte ich Ihnen ein Gedicht des Kinderpsychologen David L. Weatherford weitergeben, das auf berührende Weise genau davon erzählen möchte.

Langsamer Tanz

Hast du je Kindern auf einem Karussell zugeschaut?
Oder zugehört, wenn der Regen auf den Boden klatscht?
Bist du jemals dem unberechenbaren Flug eines Schmetterlings gefolgt?
Oder hast durch die verblassende Nacht in die Sonne geschaut?
Mach lieber langsam. Tanze nicht so schnell.
Die Zeit ist kurz. Die Musik wird nicht
ewig weiterspielen.
Rennst du durch jeden Tag wie im Fluge?
Wenn du jemanden fragst: Wie geht es dir? Hörst du die Antwort?
Wenn der Tag vorüber ist, liegst du dann im Bett und die nächsten hundert Pflichten gehen dir durch den Kopf?
Mach lieber langsam. Tanze nicht so schnell.
Die Zeit ist kurz. Die Musik wird nicht
ewig weiterspielen.
Hast du je zu deinem Kind gesagt:
Das machen wir morgen?

Und in deiner Hast nicht seinen Kummer gesehen?
Jemals den Kontakt verloren und eine echte
Freundschaft einschlafen lassen,
weil du nie die Zeit hattest, anzurufen und
Hallo zu sagen?
Mach lieber langsam. Tanze nicht so schnell.
Die Zeit ist kurz. Die Musik wird
nicht ewig weiterspielen.
Wenn du so schnell rennst,
um irgendwohin zu kommen,
kannst du den Weg dorthin nicht genießen.
Wenn du voller Sorgen durch den Tag hetzt,
dann ist das so,
als würdest du ein ungeöffnetes
Geschenk wegwerfen.
Das Leben ist kein Wettrennen.
Lass es langsamer angehen.
Höre die Musik, bevor das Lied vorüber ist.

NACH DAVID L. WEATHERFORD

Für mich ist dieser Text eine wahre Wohltat. Eine Einladung, wesentlicher zu werden. Leben wir doch in einer Welt, in der wir ständig aufgefordert werden, „mehr aus unserem Leben zu machen": Du musst dich mehr anstrengen, mehr Geld verdienen, mehr Prestige haben, mehr reisen ... So gibt es unzählige Aufforderungen, was wir denn noch alles tun und machen sollten, um irgendwie das Glück nicht zu verpassen. Bücher mit verheißungsvollen Titeln wie „1000 places to see before you die" oder

„99 Dinge, die Du unbedingt einmal tun solltest" verkaufen sich derzeit besonders gut.

Höher, schneller, weiter – scheint die Devise zu sein. Statt eines Kaffeekränzchens gibt es nun Coffee to go. Womöglich rennen wir durch unser Leben ohne ein wirkliches Gespür für uns selbst und übersehen die Schönheit des Lebens, die vor unserer Haustüre wartet. Wir laufen dabei Gefahr, uns selbst zu entfremden, seelisch abzustumpfen und zunehmend gefühlloser zu werden.

Tiefer, langsamer, näher – scheint mir die einzig mögliche Antwort auf diesen gesellschaftlichen Irrsinn zu sein. Es braucht ein Umdenken. Das „Mehr" liegt nicht im Außen, sondern im Innen. Es gibt nur einen Ort, an dem wir sein sollten: Es ist der gegenwärtige Moment. Es gibt nur eine Sache, die wir tun sollten: nämlich ganz im Hier und Jetzt zu sein. Das größte Abenteuer von uns Menschen ist der gegenwärtige Augenblick. Entdecken Sie die einzigartige Schönheit des jetzigen Augenblicks – er kehrt nie wieder zurück.

Mit dem Wort des Sufimystikers Rumi – „An einem Tag, an dem der Wind perfekt ist, das Segel sich nur zu öffnen braucht und die Welt voller Schönheit ist. Dieser Tag ist heute" – möchte ich Sie einladen, hier und jetzt die Schönheit des heutigen Tages wahrzunehmen. Dabei will Ihnen die folgende Übung behilflich sein.

ÜBUNG
Augen – Fenster zur Seele

Schließen Sie Ihre Augen. Nehmen Sie bewusst die Dunkelheit wahr. Erspüren Sie, wie es sich anfühlt, auf diese Weise wie abgetrennt von den Dingen um Sie herum zu sein. Nun öffnen Sie langsam wieder Ihre Augen in der Vorstellung, dass diese nicht nur ein Sinnesorgan, sondern vielmehr Ihr persönliches Fenster Ihrer eigenen Seele zu der beseelten Welt da draußen ist. Versuchen Sie, mit einem beseelten Blick auf die Welt zu schauen. Gehen Sie in eine seelische Verbindung mit dem, was Sie da sehen können. Sehen Sie zum Beispiel ein Möbelstück aus Buchenholz, so stellen Sie sich eine Buche vor, die im saftigen Grün des erwachenden Frühlings ihre Blätter vom Wind sanft und leicht bewegen lässt. Sehen Sie vorübergehende Menschen, so betrachten Sie auch diese auf eine beseelte Weise. Schauen Sie aufmerksam hin. Stellen Sie sich vor, welche Geschichte diese Menschen haben und welche Sehnsüchte und Hoffnungen sie wohl in ihren Herzen tragen. Blicken Sie anders als sonst. Versuchen Sie, tiefer zu blicken, und nehmen Sie wahr, wie Sie selbst dadurch in Resonanz kommen.

Vielleicht ist es Ihnen möglich, die nachfolgenden Segensworte mit einem offenen Herzen laut auszusprechen. Versuchen Sie dabei, die Schönheit des Lebens wahrzunehmen. Fühlen Sie die Schönheit in Ihrem Innern, während Sie diese Worte sprechen. Entscheiden Sie sich dafür, die Schönheit des Lebens wirklich sehen zu wollen. Halten

Sie danach für zwei Minuten Stille und spüren Sie in die Schönheit der Stille hinein.

Segensgebet des Volkes der Navajo

Ich werde für immer glücklich sein.
Nichts kann mich daran hindern.
Ich gehe, und Schönheit ist vor mir.
Ich gehe, und Schönheit ist hinter mir.
Ich gehe, und Schönheit ist über mir.
Ich gehe, und Schönheit ist unter mir.
Schönheit umgibt mich,
wohin auch immer ich gehe.
Schön sind auch meine Worte.
Ich stelle mir jetzt die Schönheit des Lebens vor.
Ich fühle sie in meinem Inneren, wenn ich
das Gebet spreche.
Je mehr Heil-Sein ich ausstrahle, desto stärker
wird meine Heilkraft.
Jetzt gehe ich durch das Leben in Schönheit.

DER LEBENSKREIS

Der RHYTHMUS des Lebens

> Wenn der Baum geboren wird, ist er nicht sofort groß.
> Wenn er groß ist, blüht er nicht sofort.
> Wenn er blüht, bringt er nicht sofort Früchte hervor.
> Wenn er Früchte hervorbringt, sind sie nicht
> sofort reif.
> Wenn sie reif sind, werden sie nicht sofort gegessen.
> Hab Geduld!
>
> NACH ÄGIDIUS VON ASSISI

Alles Leben ist Rhythmus. Dies trifft sowohl auf jeden einzelnen Menschen zu als auch auf das Geschehen im großen Universum. Das Wort „Rhythmus" leitet sich vom griechischen Verb „rhein" ab, was wiederum fließen bedeutet. Wir kennen das Verb auch aus dem berühmten Zitat des griechischen Philosophen Heraklit: panta rhei – alles fließt.

So folgt unser eigenes Leben klaren Rhythmen, wie zum Beispiel dem Rhythmus unseres Herzschlags, dem regelmäßigen Ein- und Ausatmen unserer Lungen, und dem chronobiologisch so wichtigem Schlafwachrhythmus, um uns immer wieder neu regenerieren zu können. Im Rhythmus unseres Lebens mitzufließen, hält uns gesund. Verlieren wir den Kontakt zu unseren inneren

Taktgebern (lat. tactus = Berührung, Gefühlssinn), so werden wir krank. Unsere Lebenskraft ist blockiert, droht zu versiegen, ist nicht mehr im Fluss.

Auch die Musik und der Tanz werden vom je eigenen Rhythmus getragen. Er gibt Halt, Orientierung, Gliederung und schenkt uns Leichtigkeit. Wir finden Rhythmen überall in der Natur. So folgt der Vogelzug, der Wechsel von Ebbe und Flut und die Bewegungen des Mondes einer gleichmäßigen Wiederkehr. Auch der große Rhythmus des Lebens von Werden und Vergehen, dem wir in dem zyklischen Ablauf der Jahreszeiten begegnen, folgt einem periodischen Wechsel und Jahr für Jahr einer gleichmäßig gegliederten Bewegung in der äußeren Natur. Jede Jahreszeit hat ihre besonderen Qualitäten, und es ist der Wechsel von einer Jahreszeit zur nächsten, der uns erhält und nährt.

Wir Menschen tun gut daran, wenn wir mit dem Rhythmus der Natur mitgehen und gemäß den Jahreszeiten leben. Wir können zwar den Jahreszeiten entfliehen, indem wir zum Beispiel im Winter in den Süden fliegen. Aber es tut unserer Seele nicht gut, auf der Flucht vor dem natürlichen Rhythmus zu sein. Lassen wir uns ganz auf die jeweilige Jahreszeit ein, öffnen wir uns für die Fülle des Lebens. Wir leben kraftvoller, nachhaltiger und sind weniger erschöpfbar, wenn wir die äußeren Qualitäten des Jahreslaufes auch innerlich nachvollziehen. Somit kann unsere Seele auf angemessene Weise ihr Potential entfalten.

Indem wir mit den äußeren natürlichen Bewegungen mitfließen, erschließt sich uns wie selbstverständlich unsere eigene innere Natur: Wir sind wesenhaft Teil dieser natürlichen Ordnung. Wir sind eingewoben in die natürliche Schöpfung. Ja, wir sind Teil der natürlichen Schöpfung. Wir tun gut daran, gemäß diesem natürlichen Schöpfungsplan zu leben – eben auf eine einfache, natürliche Weise, so wie jede Blume, jeder Baum, jedes Tier sich auf den äußeren Rhythmus innerlich einschwingt. Wir sind keine Maschinen, die auf der Welt sind, um möglichst reibungslos zu funktionieren. Wir sind *Lebewesen*, organisch wachsende, sich entfaltende und wieder verblühende Wesen, die Anteil haben am großen Rhythmus des Kommens und Gehens – und die somit Teil der großen Lebenssymphonie sind.

Jahreszeiten – LEBENSZEITEN

Wir können die vier Jahreszeiten als Sinnbilder unserer eigenen menschlichen Entwicklung verstehen. Der Frühling mit seiner Qualität des Neuerwachens in der Natur und des äußeren Wachstums steht für die Kindheit und Jugend. Der Sommer mit seiner Qualität des Blühens, des Sich-Entfaltens symbolisiert die Lebenszeit des Erwachsenen, der in Beruf und Familie selbst in der Blüte seines Lebens steht. Mit dem Herbst des Lebens verbinden wir die Zeit des Älterwerdens, in der die äußeren Lebenskräfte nachlassen und die Qualitäten des Loslassens, des Wesentlich-Werdens als seelische Aufgabe auf den alternden Menschen warten. Der Winter, in dem die natürliche Landschaft wie tot unter der Schneedecke versinkt, steht für das Sterben und den Tod des Menschen. Es ist die Zeit der Transformation, des Übergangs in eine andere Wirklichkeit.

Dieser große Rhythmus der menschlichen Lebenszeiten, eingebettet in die natürlichen Jahreszeiten, kann uns Orientierung schenken, so wie uns eine Landkarte auf einer Reise nützlich ist. Wir können verstehen, wo wir uns gerade befinden, was in der jetzigen Lebensphase unsere seelische Aufgabe ist, damit uns unsere Lebensreise letztlich wohlbehalten nach Hause führt.

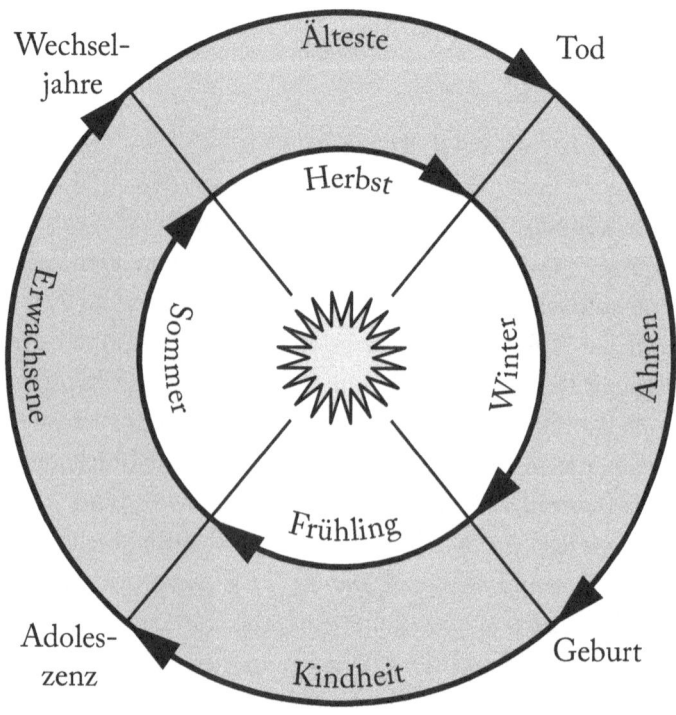

Wie in dem aufgeführten Bild des Lebenskreises ersichtlich, schließt sich unser Leben wie ein Kreis. Wir wandern, einer Kreisbewegung folgend, durch alle Lebenszeiten vergleichbar den Jahreszeiten der Natur. Haben wir mit Bewusstheit und Klarheit diese Abschnitte in gleicher Weise durchlebt, so läuft unser Lebenskreis rund. Es hat sich etwas in unserem Leben gerundet. Eine Gestalt ist geschlossen. Wir sind heil und ganz geworden. Unser Leben hat sich einem tieferen Sinn gemäß entfalten können.

Im Folgenden möchte ich Ihnen zu den jeweiligen Lebenszeiten ein paar Gedanken mit auf Ihre Lebensreise geben:

Frühling – Zeit der Kindheit
Es ist dies die Zeit des Erwachens in der Natur, des Ausknospens und des physischen Wachstums. Die Pflanzen blühen auf, und der Zauber des Neuanfangs liegt in der Luft. Der Zauber der Kindheit besteht genau darin, dass Kinder voller Neugierde und Freude mit großer Intensität das Leben entdecken. Es gibt für alles ein erstes Mal. Spielerisch begreifen sie die Welt, und jeder Tag scheint ein neues Abenteuer bereitzuhalten. Kinder haben einen unermüdlichen Bewegungs- und Entdeckerdrang. Mutig erproben sie sich, voller Vertrauen lassen sie sich auf diese Welt ein und erkunden so nach und nach ihre wachsenden Möglichkeiten. Kinder gehen ganz im Spiel auf. Sie verkörpern die pure Lust am gegenwärtigen Tun. Im Reich der Fantasie sind sie zu Hause und scheinen nur eine

Richtung zu kennen: wachsen und sich entfalten. Allerdings zeigt sich schon ganz früh, dass das menschliche Wachstum nicht linearen Gesetzmäßigkeiten folgt, sondern eher schubartig verläuft: Wir sprechen in diesem Zusammenhang auch gerne von Wachstumsschüben, die ein Kind gerade durchmacht.

In der Adoleszenz geht es darum, den je eigenen Weg in die Welt der Erwachsenen zu finden. Die kindliche Leichtigkeit tritt in den Hintergrund, und der jugendliche Mensch wird nachdenklicher, suchender. Ein Jugendlicher macht wichtige Grenzerfahrungen: Sein biologisches Wachstum kommt zum Erliegen und auch seine eigenen Fähigkeiten scheinen nicht mehr unbegrenzt, sondern wollen im Sinne einer wichtigen Selbsterkenntnis überprüft und hinterfragt werden: Was soll einmal aus mir werden? Welche Anlagen, Gaben trage ich in mir? Wie kann ich all das in meinem Leben auf gute Weise verwirklichen?

Sommer – Blütezeit des Erwachsenen

Der Sommer ist die Zeit, da die Sonne am höchsten steht. Die Natur ist in Saft und Kraft. Wir verbinden pure Lebendigkeit mit der Sommerzeit: Hitze, Energie, Helligkeit. Das Leben ist prall gefüllt.

Die Zeit des Erwachsenseins ist die Zeit des Tätigseins. War die kindliche Gangart das Spiel, so ist die Gangart des Erwachsenen das Tun, Machen, Verwirklichen. Der erwachsene Mensch hat den Zenit seiner eigenen Leistungsfähigkeit erreicht. Er übernimmt Verantwortung im Beruf und in Familie. Er unterstützt das Gemeinwesen, indem er Steuern zahlt oder auch ehrenamtlichen Tätigkeiten nachgeht. Er sorgt sich um den Nachwuchs und übernimmt Fürsorge für die schwächer werdenden Eltern, die seiner Unterstützung in zunehmender Weise bedürfen. Der erwachsene Mensch muss bei all diesen vielfältigen Aufgaben aufpassen, dass er nicht überhitzt und womöglich ausbrennt. Andererseits kann er sich im Glanze seiner Erfolge sonnen und die Früchte seines Arbeitens genießen. Der Sommer steht auch für die Lebensmitte des Menschen: er erfährt sich angekommen, mitten drin im Spiel der Generationen.

Doch schon klopft der Spätsommer an. Nach und nach nimmt der Sonnenstand ab. Die Tage werden kürzer und nicht mehr länger. Auf den Feldern will mitten in der Fülle das Korn geschnitten werden. Die Wechseljahre machen deutlich, dass ein eigener Lebensabschnitt zu Ende geht. Fragen wie „War es das schon? Was habe ich noch nicht verwirklicht?" tauchen auf. Gleichzeitig werden die körperlichen und emotionalen Belastungsgrenzen spürbarer. Angesichts des kommenden Herbstes mag eine melancholische Gestimmtheit auftauchen. Die Rede von der Midlife-Crisis ist nicht mehr zu überhören. Der Sommer lässt sich nicht festhalten. Ebenso wie sich erreichte Erfolge nicht festhalten lassen. Das Thema des Loslassens wird immer wichtiger. Die eigenen Kinder bedürfen immer weniger der elterlichen Fürsorge. Die eigenen Eltern wollen aus dem Leben verabschiedet werden. Die Vorstellung einer unbegrenzten Belastbarkeit der eigenen Kräfte muss losgelassen werden – vielleicht auch in Form realer Projekte, die beendet werden müssen. Die Berentung rückt in Sichtweite.

Der Herbst des Lebens
Der Herbst ist die Zeit der Ernte. Wir bringen die Früchte aus Feld und Garten ein und feiern Erntedank. Es ist die Zeit der aufkommenden Winde, in der die bunten Blätter von den Bäumen fallen. Es ist die Zeit des Loslassens. Die Bäume ziehen die Säfte nach innen. Das herbstliche Sonnenlicht ist nicht mehr so grell wie im Sommer, aber es lässt in seiner Milde die Landschaften in einer besonderen Schönheit erstrahlen.

Der Herbst des Lebens steht für das Alter. Einerseits zeigt er die Schönheit und die Buntheit des Alters, andererseits auch die Notwendigkeit des Loslassens. Es geht nicht mehr um das Werden, sondern um das *Ent*werden. Dankbarkeit für das im eigenen Leben Gewachsene wird zur notwendigen Qualität, die vor der Bitterkeit des Alters schützt. Die Zeit des *Erinnerns* ist gekommen. Die Zeit des Nach-innen-Gehens. Der Herbst fordert unerbittlich die Bereitschaft zum Loslassen ein: Die physischen Kräfte schwinden, die Vorstellung eines unversehrten Körpers trägt nicht mehr, berufliche und soziale Rollen, die bisher das eigene Selbstverständnis geprägt haben, gilt es loszulassen. Mit der Berentung muss das für den eigenen Selbstwert wichtige Tätigsein losgelassen werden, wenngleich es auch Entlastung angesichts der schwindenden Kräfte verspricht. Der Herbst des Lebens fordert auf, die Essenz des eigenen Lebens zu finden. Es geht nicht darum, einen neuen Weinstock anzulegen, vielmehr geht es darum, aus den geernteten Trauben einen edlen Tropfen zu destillieren. Die Frage nach dem Wesentlichen des Lebens rückt in den Mittelpunkt. Nicht mehr das körperliche Wachstum, sondern das geistig-spirituelle Wachstum steht jetzt im Vordergrund. Die bisher nur gedanklich gewusste Endlichkeit wird nun zur unausweichlichen Realität.

Winter – Sterben, Tod, Stille
Die schneebedeckte Landschaft lässt die Natur zur Ruhe kommen. Die Schritte im Schnee sind gedämpft. Bisherige landschaftliche Formen und Farben sind wie unter einem weißen Mantel *all*eins geworden. Der Winter ist die Zeit des Ruhens in der Natur. Die Zeit der Stille ist angebrochen. Die Nächte sind länger als die Tage. Wenngleich an der Oberfläche alles zu ruhen scheint, so bereitet sich im Erdreich doch allmählich die Natur für eine neue Transformation vor.

Der Winter steht im Leben des Menschen für dessen Sterben und seinen physischen Tod. In der inneren und äußeren Stille geht es darum, sich dem Geheimnis des Lebens zu stellen.

Die Zeit von *unio mystica* ist da, wie die geheimnisvolle Vereinigung der Seele mit Gott in der christlichen Mystik genannt wird.

So wie die Schneelandschaft alles sanft und weich einhüllt, so braucht das bisherige Leben einen Mantel der Barmherzigkeit, um alles – das Gewesene und das Versäumte – auf gute Weise einhüllen zu können. Es geht um ein Einverstandensein. Wir müssen bereit sein, uns ganz hinzugeben. Der Mensch steht nun allein vor dem Ziel seiner irdischen Reise und mag doch eine Ahnung des All-eins-Seins in sich tragen. Die diesseitige und die jenseitige Welt wollen sich berühren, umarmen. Die Verstorbenen, denen wir auf unseren Friedhöfen gedenken, scheinen uns zuzurufen: „Ihr seid, was wir waren. Wir sind, was ihr werdet."

Leben ist WANDEL

Um von der einen zur anderen Lebenszeit gelangen zu können, müssen wir jeweils eine Zeit des Übergangs durchschreiten. Übergänge sind immer auch Zeiten der Krise. Etwas Altes ist am Vergehen und will losgelassen werden, obgleich das Neue doch noch nicht ganz da ist. Eine Zeit der Krise ist eine Zeit der Wandlung.

So ist die Geburt die erste Wandlungskrise unseres Lebens. Sie symbolisiert den Übergang von Winter zu Frühling. In der Krise der Geburt geht es um die Frage: Darf ich sein? Bin ich hier willkommen? Es geht um Leben und Tod. Die bisherige Lebensader, die Nabelschnur, muss durchtrennt werden, damit wir selbstständig atmen können. Noch vor wenigen Jahrzehnten, als es auch in Mitteleuropa noch nicht überall Entbindungsstationen gab und die Säuglingssterblichkeit sehr hoch war, wussten die Menschen viel genauer um die Risiken, die eine anstehende Geburt sowohl für das Kind als auch für die Mutter bedeutete. Doch auch heute ist die Ankunft eines Kindes eine krisenhafte Zeit, auch wenn sie sich inzwischen mehr auf der emotionalen und sozialen Ebene denn auf der körperlichen Ebene zeigt.

Der zweite Übergang findet zwischen Frühling und Sommer statt. Hier wartet die nächste menschliche Entwicklungskrise, es ist die Zeit der Adoleszenz. Wir sind nicht mehr Kind und doch noch nicht ganz erwachsen. Die Frage an dieser Schwelle lautet: Wer bin ich? Wir spüren, die unbeschwerte Zeit der Kindheit geht unweigerlich zu Ende, doch die Sicherheit eines Erwachsenen fehlt uns noch. Was soll aus mir werden? Welchen Beruf, welche Aufgabe soll ich ergreifen? Wie gelingt der Übergang vom Versorgtwerden zum für mich und andere Sorgen? Was ist meine Identität? Die Versuchung besteht, noch nicht die volle Verantwortung zu übernehmen, lieber die „Partyzeit" zu verlängern, als schon ganz auf eigenen Füßen zu stehen. Wie viele Jugendliche und junge Erwachsene tun sich heute schwer damit, diese Schwelle zu überschreiten? Womöglich zögern sie, sich ganz auf das Erwachsenwerden einzulassen. Sie schieben die Berufstätigkeit und auch eine Familiengründung möglichst lange vor sich her und finden dadurch nicht in ihre volle Kraft.

Der dritte Übergang ereignet sich an der Schwelle des Sommers zum Herbst. Es ist die Krise des Alters. Nun, da die äußeren Kräfte nachlassen und die gesellschaftlich akzeptierten Rollen aus Beruf und Kindererziehung losgelassen werden müssen, stellt sich die Frage: Wer bin ich wirklich? Was ist wesentlich? Was ist die Essenz meines Lebens? Spätestens jetzt brauchen wir Zugang zur spirituellen Dimension unseres Menschseins, um die anstehenden seelischen Aufgaben gut bewältigen zu können. In den Wechseljahren des Lebens benötigen Frauen wie Männer einen Wechsel der Perspektive, damit dieser Übergang gut gelingen kann. Ein Ausweichen vor der seelischen Aufgabe, sich zu weiten, weiter zu gehen, könnte der Versuch sein, einen „zweiten Frühling" beginnen zu wollen. Wir sprechen davon, wenn ein Mann im Herbst des Lebens sich in eine neue, viel jüngere Frau verliebt, vielleicht um selbst an ihrer Jugendlichkeit teilzuhaben. Dahinter steckt oft die Sehnsucht, nochmals neu beginnen zu können und noch nicht in die Phase des Alterns eintreten zu wollen. Doch die Richtung des Lebenskreises weist immer nach vorne. Wenn wir beim Weitergehen gleichzeitig zurückblicken, so geraten wir in Gefahr, zu stolpern und zu stürzen.

Der zunehmende Markt der Anti-Aging-Medizin zeugt davon, dass viele Menschen gerne die biologische Uhr optisch zurückdrehen möchten. So soll mit Botox ein jugendlicheres Aussehen erzwungen werden – eine falsch verstandene Form der *Entfaltung*, wie ich meine. Oder es droht die Gefahr, im Herbst des Lebens noch immer so tätig sein zu wollen wie in Zeiten des Sommers. Das Heer der gestressten Unruheständler scheint eine freiwillige Entschleunigung des Lebenstempos tunlichst vermeiden zu wollen. So sind es manchmal Krankheiten, die den herbstlichen Menschen tatsächlich entschleunigen, ihn einladen, ein langsameres, wesentlicheres Lebenstempo zu gehen. Es braucht Krankheiten, die einen Stachel setzen, um sich zu weiten, das Potential der Essenzbildung aus dem Menschen hervorzukitzeln. Im Alter geht es darum, weiter zu wachsen, statt enger zu werden. Allerdings scheint es für uns Menschen nur schwer annehmbar zu sein, uns wirklich selbst zu den Alten zu zählen. „Die Alten, das sind doch immer die anderen", erklärte mir ein bekannter Altersforscher, den ich angesichts seines Ruhestandes auf sein eigenes Alter angesprochen habe.

Der vierte und letzte Übergang ist der Wechsel vom Herbst in den Winter. Es ist dies die Krise des menschlichen Sterbens. Es heißt, nun ganz Abschied zu nehmen. Die Frage, die sich auf seelischer Ebene an dieser Schwelle stellt, lautet: Wer bin ich wirklich *wirklich*? Was wird von mir zurückbleiben? Was wartet noch auf mich? Hab ich genug Vertrauen? Es ist die Zeit der großen Transformation. Wie ist es in unserer Gesellschaft um diesen letzten Übergang bestellt? Haben wir doch das Sterben aus unserem Blickfeld verdrängt. Es findet in einsamen Räumen in Krankenhäusern oder Altenheimen statt. Es fehlt an einer guten Kultur, das Sterben als Teil des Lebens in unsere Lebenswirklichkeit hereinzuholen. Nahmen in früheren Generationen ganze Dörfer am Begräbnis eines verstorbenen Mitmenschen teil, so sind es heutzutage kleine überschaubare Kreise, die – wenn überhaupt – an einer Verabschiedungszeremonie noch teilhaben.

Die Orientierung am Lebenskreis macht Wesentliches unseres Lebens deutlich:

Leben bedeutet sich zu wandeln, wenngleich die Übergänge fließend sind und sich nicht immer strikt voneinander trennen lassen. So hat die Phase des Spätsommers noch durchaus warme Tage, trotzdem sind die Boten des Herbstes bereits unübersehbar. Wandel findet in gewisser Weise permanent statt, und nur der Mensch, der bereit zum Wandel ist, wird innerlich nicht erstarren, sondern wahrhaft Mensch sein. Ein Mensch, der sich so dem

Rhythmus des Lebens hingibt, wird in der eigenen Hingabe die Aufgabe der jeweiligen Lebenszeit auf eine stimmige Weise meistern: im Frühjahr des Lebens wahrhaft aufblühen, im Sommer ganz in der Blüte seines eigenen Lebens stehen, im Herbst seines Lebens mit Milde und Reife dem Alter begegnen und in der Stille des Winter sich in Ruhe und Vertrauen dem großen Geheimnis des Lebens anheimstellen.

Wir sind eingeladen, immer wieder bereit zu sein, die nächste Lebensstufe zu nehmen, wie es im Gedicht von Hermann Hesse lautet:

Stufen

Wie jede Blüte welkt und jede Jugend
dem Alter weicht, blüht jede Lebensstufe.
Blüht jede Weisheit auch und jede Tugend
zu ihrer Zeit und darf nicht ewig dauern.
Es muss das Herz bei jedem Lebensrufe
bereit zum Abschied sein und Neubeginne,
um sich in Tapferkeit und ohne Trauern
in andre, neue Bindungen zu geben.
Und jedem Anfang wohnt ein Zauber inne,
der uns beschützt und der uns hilft, zu leben.
Wir sollen heiter Raum um Raum durchschreiten,
an keinem wie an einer Heimat hängen.
Der Weltgeist will nicht fesseln uns und engen.
Er will uns Stuf' um Stufe heben, weiten.
Kaum sind wir heimisch einem Lebenskreise
und traulich eingewohnt, so droht Erschlaffen;

Nur wer bereit zu Aufbruch ist und Reise,
mag lähmender Gewöhnung sich entraffen.
Es wird vielleicht auch noch die Todesstunde
uns neuen Räumen jung entgegen senden.
Des Lebens Ruf an uns wird niemals enden.
Wohlan denn, Herz, nimm Abschied und gesunde!

HERMANN HESSE

Veränderung als Chance

Die einzige Konstante im Universum ist
die Veränderung.

HERAKLIT

Veränderungen, Übergänge und Wachstumsprozesse gehören zu unser aller Leben. Unser menschlicher Körper ist ständig im Wandel begriffen. Unsere natürliche Umgebung ist permanenten Veränderungen unterworfen. Wenn Sie einen bestimmten Spazierweg täglich gehen, werden Sie ihn jeden Tag anders vorfinden. Auch das Wetter, die klimatischen Bedingungen, die Bewegungen des Himmels sind immer wieder neu. Das einzig Bleibende ist die ständige Veränderung. Sträuben wir uns gegen die Veränderungen unseres Lebens, so führt dieser innere Widerstand zu Leid und krisenhaften Zuständen.

Unsere Seele weiß um die Notwendigkeiten des Lebens. Unsere Seele will unseren Wandel und unsere Erneuerung, damit wir wachsen und reifen können. Überhören wir den leisen Ruf der Seele nach Veränderung, wird sie lauter rufen. Eine Patientin, die lange Zeit unter psychosomatischen Beschwerden litt, sagte in der Rückschau auf diese schmerzvolle Zeit: „Meine Seele hat mich regelrecht angebrüllt. Sie hat um Hilfe gefleht. Ich möge sie doch endlich, endlich hören." Wir tun gut daran, mit den Veränderungen des Lebens mitzugehen, um auf diese Weise ein seelentaugliches Leben führen zu können.

Veränderungen sind jedoch mit Unsicherheiten verbunden. Sie machen uns Angst. Wir verstehen vielleicht den Ruf unserer Seele: „Du kannst nicht bleiben, wo du bist!" Aber wir wissen noch nicht, wohin wir uns entwickeln sollen. Oftmals gehen seelische Wachstumsprozesse sprunghaft vonstatten und verursachen regelrechte Wachstumsschmerzen, wie wir sie aus unserer körperlichen Entwicklung in Kindheit und Jugend kennen. Viele Eltern berichten von der Erfahrung, dass etwa Kleinkinder nach Ende eines schweren fieberhaften Infektes plötzlich einen wichtigen Entwicklungsschritt vollzogen hatten. Eine Krise ist gewissermaßen das Fieber unserer Seele, die im alten Zustand keinen hinreichenden Sinn mehr findet, und neues, sinnvolles Leben sucht.

Wir können uns solch notwendigen Veränderungen leichter anvertrauen, wenn wir in uns eine Verbindung zum Ort unserer inneren Gewissheit – unserer Seele – verspüren. Somit können wir uns für die Veränderlichkeit des Lebens öffnen, ohne jedoch den Kontakt zu unserer Essenz, unseren inneren Werten zu verlieren.

So hat beispielsweise eine Patientin die Trennung und Scheidung von ihrem Mann zwar als schwierige Phase erlebt, jedoch habe sie der Klang ihrer inneren Stimme durch diese Zeit hindurchgetragen. Menschen, die sich auch in krisenhaften Zeiten seelisch verbunden fühlen, berichten von Erfahrungen des „Begleitetwerdens". „Ich wurde auf meinem Weg geführt", „ich hatte den Eindruck, von einer größeren Liebe getragen worden zu sein", „etwas hat mich behütet" – solche Äußerungen höre ich immer wieder von Menschen, die auf eine schwere Zeit ihres Lebens zurückschauen und dankbar dafür sind, dass sie daraus gestärkt hervorgegangen sind.

Eine meiner Patientinnen hat es so formuliert: „Ich habe die Erfahrung einer göttlichen Störung in meinem Leben gemacht. Rückblickend kann ich darin aber auch eine göttliche Führung erkennen."

Vielleicht ist es ja so, dass es ein größeres Wollen gibt als nur unser eigenes Wollen. Dieses größere Wollen möchte das Allerbeste für uns, es möchte uns in einen neuen, weiten Raum hineinführen. Womöglich besteht unsere eigene Aufgabe einzig darin, mit der Veränderung mitzugehen und uns diesem Prozess nicht zu widersetzen. Was es wohl wirklich braucht, ist unsere innere Bereitschaft, uns dem Prozess des Wandels hinzugeben.

„Den Willigen führt das Schicksal, den Unwilligen zerrt es", hat der römische Philosoph Seneca bereits vor 2000 Jahren festgestellt.

Mit der folgenden Übung möchte ich Sie einladen, sich bei allen äußeren Unsicherheiten des Lebens einen Ort der inneren Gewissheit vorzustellen. Einen Ort, der Ihnen quasi als Zufluchtsort jederzeit zur Verfügung steht, wenn die Stürme des Lebens sie aufwühlen wollen.

ÜBUNG
Ort der inneren Gewissheit

Bitte suchen Sie sich eine Zeit und einen Platz, wo Sie für etwa 15 Minuten ungestört sind. Machen Sie es sich bequem. Nehmen Sie sich ausreichend Zeit, um Ihren Atem ganz ruhig werden zu lassen, bevor Sie die eigentliche Übung beginnen. Wenn es Ihnen möglich ist, schließen Sie dabei die Augen. Dies kann Sie darin unterstützen, Ihre Aufmerksamkeit mehr und mehr nach innen fallen zu lassen. Vielleicht erleben Sie es als hilfreich, die beiden Handinnenflächen auf Ihren Brustkorb zu legen. Diese wollen Sie erinnern, dass Sie offenen Herzens diese Übung ausprobieren möchten. Beobachten Sie, welche Resonanz die folgenden Gedanken in Ihnen auslösen:

» Stellen Sie sich vor, dass es in Ihnen einen Bereich gibt, der ganz heil, ganz kostbar, ganz rein ist. Sozusagen ein heiliger Raum in Ihnen!

» Lassen Sie uns annehmen, dass kein anderer Mensch außer Ihnen Zugang zu diesem inneren Bereich hat. Was wäre, wenn dieser Raum tatsächlich unverletzt von den Meinungen und Handlungen anderer Menschen bliebe?

» Stellen Sie sich vor, dass dieser Raum unverletzt von Ihrer bisherigen Geschichte geblieben ist und ebenso unbeeindruckt von all dem bleibt, was noch in Ihrem Leben passieren wird.

» Was wäre, wenn Sie jederzeit diesen inneren Raum betreten könnten?

Nehmen Sie sich Zeit, um die Wirkung dieser Vorstellungen in sich selbst gut spüren zu können. Etwas antwortet in Ihnen. Seien Sie neugierig und offenen Herzens für das, was da antworten möchte und in welcher Weise es antwortet.

Schließlich möchte ich noch einen schönen Text von Pablo Picasso mit Ihnen teilen. Da spricht einer, der sich in großer Offenheit auf das heilige Abenteuer Leben einlassen möchte. Mögen auch Sie sich mit Entdeckerfreude und Abenteuerlust mehr und mehr auf das Wagnis Ihres Lebens einlassen dürfen.

Ich suche nicht – ich finde!

> Suchen ist, wenn man von alten Dingen ausgeht
> und im Neuen das bereits Bekannte wiederfindet.
> Finden ist etwas völlig Neues,
> neu auch in der Bewegung.
> Alle Wege sind offen,
> und was gefunden wird, ist unbekannt.
> Es ist ein Wagnis, ein heiliges Abenteuer.
> Die Ungewissheit solcher Wagnisse
> können nur jene auf sich nehmen,
> die im Ungeborgenen sich geborgen wissen,
> die in die Ungewissheit,
> in die Führerlosigkeit geführt werden;
> die sich im Dunkeln einem unsichtbaren Stern
> überlassen,

DER LEBENSKREIS

die sich vom Ziel ziehen lassen
und nicht menschlich beschränkt
und eingeengt das Ziel bestimmen.
Das Offen-Sein für jede neue Erkenntnis,
für jedes neue Erlebnis im Außen und Innen:
Das ist das Wesenhafte des modernen Menschen,
der in aller Angst des Loslassens
noch die Gnade des Gehaltenseins
im Offenbarwerden neuer Möglichkeiten zulässt.

NACH PABLO PICASSO

LEBEN OHNE REUE

Grüße die SONNE

> Gelobt seist Du, mein Herr, mit all Deinen Geschöpfen, besonders der Herrin, Schwester Sonne, die den Tag heraufführt und uns beleuchtet mit ihren Strahlen.
> Und sie ist schön und strahlend im großen Glanze: Von Dir, Höchster, ein Sinnbild.
> (AUS DEM SONNENGESANG DES HL. FRANZISKUS VON ASSISI)

Schon als junger Mensch hat mich das Leben des heiligen Franziskus sehr fasziniert. Er ist für mich ein Mann, der mit seiner Seele in Berührung war. Sein Sonnengesang, den er im 13. Jahrhundert verfasst hat, drückt eine tiefe seelische Verbundenheit mit allem Lebendigen aus. Welch herrlicher Lobpreis auf die Schönheit und die Fülle der Schöpfung! Darin dankt er Gott für Sonne, Mond, Sterne, Wind, Luft, Wolken, Wasser, Feuer und Mutter Erde mit all ihren vielfältigen Früchten.

Stellen Sie sich vor, ähnlich wie der hl. Franziskus von Assisi jeden Ihrer Tage mit einem Lobpreis, einer Danksagung zu beginnen: So können wir jeden Morgen der Sonne danken, dass sie für uns wieder neu aufgegangen ist, auch wenn sie ja in Wirklichkeit nie untergegangen war. So ist sie doch jeden Tag neu für uns wahrnehmbar, indem sie den Tag erhellt und alles sichtbar macht. Und wir können unseren wundervollen Augen danken, dass wir tatsächlich sehen können, was durch die Sonne sichtbar wird. Auch wenn wir die Sonne aufgrund von Wolken nicht unmittelbar wahrnehmen können, so ist sie doch da, und es sind wir, denen es an Höhe fehlt, um sie tatsächlich zu sehen.

Oftmals sehen wir den Glanz des Lebens nicht wirklich, da unser Blick wie durch eine Wolkendecke verstellt ist. Unsere Gedanken sind mit Wolken vergleichbar, die an unserem Bewusstseinshimmel hängen und uns den Blick auf die Sonne und damit auf das Schöne des Lebens verstellen. Gerade wenn wir ängstlichen und düsteren Gedanken nachhängen, übersehen wir sprichwörtlich die Schönheit und die Fülle des Lebens.

So ist die Danksagung der Weg schlechthin, der uns in Verbindung mit der Schönheit des Lebens bringt. Auch wenn wir die Sonne bei ihrem Aufgang mit unseren eigenen Augen nicht sehen können, so können wir ihr doch danken, denn sie ist ja da und erhellt den Tag und unser eigenes Leben.

Aber nicht nur morgens, wenn wir den Tag beginnen, können wir eine Danksagung abhalten – sondern immer, immer, immer.

Was würde wohl geschehen, wenn Sie es sich zur guten Gewohnheit machen würden, bevor Sie etwas beginnen, beispielsweise eine Arbeit, eine Zusammenkunft, ein Essen, laut oder leise eine Danksagung voranzustellen?

Dabei geht es gar nicht darum, dass Sie brav danke sagen. Sondern vielmehr darum, in Verbindung mit dem Schönen, Kostbaren und Guten Ihres Lebens zu kommen.

Indem wir uns wirklich erinnern, wie alles miteinander verbunden ist, können wir das Leben in seiner *wundervollen* Tiefe erahnen. Wir machen uns selbst damit das größte Geschenk, denn wir können uns dadurch von der Fülle und der Schönheit des Lebens, die immer schon da sind, wahrhaft berühren lassen.

Erinnern wir uns zum Beispiel bei der Begegnung mit einem Baum, wie eng die Verbindung zwischen uns Menschen und den Bäumen doch tatsächlich ist. Ohne die Bäume könnten wir als Menschen gar nicht leben. Seit ururalten Zeiten – noch bevor es uns Menschen gab – waren die Bäume bereits da. Den Sauerstoff, den wir einatmen, atmen die Bäume aus. Was wir ausatmen, atmen die Bäume ein. Ist es nicht eine sehr unmittelbare, sogar intime Beziehung, vergleichbar einem ewigen Kuss, der uns Menschen mit den Bäumen verbindet? Sind nicht die Bäume unendlich großzügige Schenker? In der Hitze des Tages spenden sie uns Schatten. Zur Zeit der Ernte überlassen die Bäume uns ihre Früchte. So vielen Lebewesen, die wir wiederum für unsere eigene Existenz benötigen, schenken sie ein Zuhause. Durch ihre Wurzeln stabilisieren sie den Boden und erhalten ihn fruchtbar. Das Holz der Bäume schenkt uns Wärme in der kalten Jahreszeit und ermöglicht uns, Häuser, Möbel und andere schöne Dinge zu bauen. Wenn ich mir all das bewusst mache, erfüllt mich dies mit Staunen, Ehrfurcht und einem Gefühl der freundschaftlichen Verbundenheit. Vielleicht geht es Ihnen ja ähnlich …

Ein beseeltes Leben zu führen heißt, mich in der dankbaren Verbundenheit zum Leben selbst zu erfahren. Aus der

Verbundenheit wiederum erwächst die Liebe. Von Nelson Mandela wird berichtet, dass er in Zeiten, in denen er an dem Guten im Menschen zweifelte, sein Gesicht der Sonne zuwandte. In dunklen Stunden, wenn Verbitterung, Enttäuschung, Verletzung überhandnahmen, stellte er sich mit dem Gesicht zur Sonne und ließ deren Licht und Wärme auf sich wirken. Dies half ihm, wieder in Verbindung zu kommen: Er erinnerte sich, dass doch das Licht der Sonne auf Weiße und Schwarze unterscheidungslos herabscheint – und das gab ihm wieder neue Kraft und Zuversicht.

Wenn Sie wollen, probieren Sie diese Übung, wie sie von Nelson Mandela berichtet wird, einfach selbst aus.

ÜBUNG
Sich der Sonne zuwenden

Beginnen Sie doch jeden Morgen damit, die erwachende Sonne zu grüßen und somit dem neuen Tag in Dankbarkeit zu begegnen. Vielleicht wollen Sie sich ja tatsächlich mit dem Gesicht zur Sonne ausrichten und die Sonnenstrahlen auf Ihr Gesicht scheinen lassen. Vielleicht wollen Sie aber auch untertags immer wieder mal Ihr Gesicht bewusst der Sonne zuwenden und dabei eine Danksagung für all das Gute Ihres Lebens, für all die tiefen Verbindungen, in die Sie eingewoben sind, sprechen.

Beginnen Sie jeden Tag Ihres Lebens mit einer Danksagung. Erinnern Sie sich Ihrer vielfältigen Verbindungen im Leben, die sie tragen und unterstützen.

Indem wir Dankbarkeit empfinden und dadurch unsere Verbundenheit erfahren, bringen wir uns in Einklang mit unserer Seele. Wir richten unseren Geist auf die Schönheit des Lebens und das Wunder, das wir selbst sind. Wir sind dann gut eingestimmt, wenn unser Herz voller Lob, Dankbarkeit und innerem Frieden ist. So wie ein Instrument immer wieder neu eingestimmt werden muss, so müssen auch wir Menschen uns immer wieder einstimmen. Tag für Tag müssen wir uns einstimmen, um in Einklang mit unserer Seele und der Verbundenheit mit dem Leben zu kommen. Ein Musikinstrument, das nicht gestimmt wird, bringt nur Dissonanzen hervor. So auch wir. Wollen wir in der Symphonie des Lebens auf harmonische Weise mitklingen, braucht es immer wieder ein Einschwingen auf die Stimme aus unserem Inneren. So werden wir mehr und mehr ein stimmiges Leben führen können, das im Einklang mit unserer Seele ist. Wir erfahren uns innerlich in Frieden und können ruhig und gelassen den Pfad unseres Lebens gehen.

Du bist FREI

> Ein angenehmes und heiteres Leben kommt nicht von äußeren Dingen, der Mensch bringt aus seinem Inneren wie aus einer Quelle Lust und Freude in sein Leben.
>
> PLUTARCH

Ich lade Sie ein, folgende Fragen in Ihrem Inneren zu bewegen:
Wie ergeht es Ihnen mit der Aussage: „Du bist frei!"? Was löst sie in Ihnen aus? Zustimmung? Erleichterung? Widerspruch? Ungläubigkeit angesichts der vielen Verpflichtungen und gefühlten Unfreiheiten, die Sie in Ihrem eigenen Leben erfahren?

Machen Sie sich bewusst, dass dieser Satz auf einer tiefen Ebene tatsächlich wahr ist. Was hält Sie womöglich dennoch in Gefangenschaft? Welche Überzeugungen, Vorstellungen, alte Konditionierungen sind es, die in Ihnen dagegen rebellieren? Wofür wollen Sie frei sein?

Das Gegenteil eines freien Menschen ist ein unfreier, versklavter Mensch. Der Literaturnobelpreisträger John Steinbeck hat dazu Folgendes gesagt: Moderne Sklaven werden nicht mehr mit Peitschen angetrieben. Sie peitschen sich selbst mit ihren Terminkalendern an.

Wir selbst treiben uns mit unseren eigenen Ansprüchen, unseren eigenen Glaubenssätzen über uns selbst an. Unsere Seelen wohnen in versklavten Körpern, denen wir nicht mehr ausreichend Ruhe und Erholung gönnen. Letztlich ist es unser Festhalten an alten Überzeugungen, an den Vorstellungen vom Leben, so wie es uns in unserer Kindheit beigebracht worden ist, was uns in Gefangenheit hält. Es sind die äußeren Zwänge unserer Kindheit, die sich zu inneren Zwängen unseres Erwachsenenlebens gewandelt haben. Sie haben uns weiter im Griff, lösen in uns das Gefühl von Unfreiheit aus.

Angesichts eines Lebens voller Veränderungen wünschen wir uns so sehr Sicherheit, Verlässlichkeit und Stabilität. Es geschieht so viel im Außen, was unsere reale Lebenswirklichkeit nach und nach verändert oder gar schlagartig umkrempelt. Doch haben politische und wirtschaftliche Umwälzungen oder persönliche Schicksalsschläge weniger Macht über uns, wenn wir innerlich unsere Arbeit verrichtet haben. Je mehr Ordnung wir in unser Innenleben gebracht haben und verstanden haben, dass dies der Ursprung unseres Glücks und Unglücks ist, desto freier werden wir von äußeren Einflüssen.

Innere Arbeit bedeutet, dass wir das Licht des Bewusstseins auf unsere Einstellungen und Gedanken scheinen lassen. Es heißt, unsere wirklichen Begierden und wahren Bedürfnisse zu kennen und zu lernen, eigenverantwortlich damit umzugehen. Es bedeutet aber auch, im Einklang mit unseren Gefühlen zu leben und den Ort unserer eigentlichen Essenz, unsere Seele, zu spüren und damit in Verbindung zu sein.

Die Freiheit ist in Ihnen. Spüren Sie, was für Sie, für Ihre Seele stimmt? Was ist Ihre eigene Wahrheit? Erkennen Sie die zentrale Bedeutung Ihrer inneren Freiheit. Sie können alle Antworten auf die Fragen des Lebens in Ihrem eigenen Inneren finden. Ihr Innerstes, Ihre Seele, ist wie eine Quelle, aus der frisches Wasser hervorsprudelt. Holen Sie das Wasser direkt an der Quelle in Ihrem Inneren. Schöpfen Sie aus der Quelle. Es ist Ihre Seele, die wie ein fortwährend sprudelnder Quell Ihrer eigenen Wahrheit und Wahrhaftigkeit ist. Sie können jederzeit zu dieser Quelle gelangen, um daraus zu trinken und sich an ihr zu erfrischen.

Kein anderer Mensch kann und darf Ihnen sagen, was Sie zu tun oder zu lassen haben. Natürlich kann es in bestimmten Situationen hilfreich sein, die Meinung einer vertrauten Person einzuholen. Jedoch bleibt es Ihre Aufgabe, zu prüfen, inwieweit das Gesagte im Hier und Jetzt für Sie stimmig ist. Dies wiederum können Sie am besten dadurch erspüren, dass Sie in Verbindung mit Ihrem Innersten sind. Sind Sie in Berührung mit Ihrer Seele, so sind Sie frei. Je mehr Sie den Kontakt zu Ihrer eigenen Seele pflegen, desto stärker kommt auch Ihr Denken und Ihr Fühlen in Einklang mit Ihrem Innersten.

Der vermeintliche Widerspruch zwischen unserem Kopf und unserem Herz liegt meist darin begründet, dass wir selbst nicht im Einklang mit unserer Seele leben. Sind wir selbst wie ein verstimmtes Instrument, weil wir nicht auf unsere innere Stimme achten, so empfinden wir in uns und in unserem Leben Dissonanzen und Anspannung. Indem wir uns mehr und mehr darin üben, uns seelisch einzustimmen, werden auch unser Herz und unser Verstand zum Einklang finden.

Sagt Ihr Kopf etwas anderes als Ihr Herz, so nehmen Sie dies zunächst als Hinweis wahr, dass in Ihnen in diesem Moment offenbar eine Trennung zwischen Kopf und Herz besteht. Die Trennung von Kopf und Herz ist nicht unser natürlicher Zustand, sondern es ist die Folge unseres Gewordenseins. Im Grunde sind wir eine Einheit. Kopf und Herz sind auf natürliche Weise miteinander verbunden. Ganz konkret über den Hals, der in der Antike als Sitz unserer Seele verstanden wurde. Sind wir mit unserer Seele in Berührung, können wir tief in uns erspüren, dass Kopf und Herz tatsächlich in inniger Verbindung miteinander stehen.

In unserem Menschsein ist alles miteinander verbunden. So ist unser menschlicher Körper ganz konkreter Ausdruck dessen, wie alles miteinander verwoben ist. Haben Sie beispielsweise eine Entzündung an Ihrem kleinen Zeh, so wird sich dies in Ihrem Kopf als Schmerz bemerkbar machen. Auch in Ihrem gesamten Blutkreislauf sind sogenannte Entzündungsparameter nachweisbar. Ihr ganzer Körper ist somit „mitinfiziert". Unsere körperliche Wahrheit zeugt davon, dass alles in uns aufeinander bezogen ist und eine tatsächliche – nicht nur eine gedachte – Einheit darstellt.

Wenn unser Kopf, das heißt unsere Einstellungen und unser Denken, nicht mehr im Einklang mit unserem Fühlen ist, so ist dies womöglich ein Hinweis darauf, dass unser Kopf „fremdgegangen" ist. Er hat sich fremde Meinungen, Vorstellungen und Botschaften zu eigen gemacht, so dass unser Denken nicht mehr zu unserem Fühlen zu passen scheint. Bemerken wir, dass unser Kopf und Herz im Widerspruch leben, so ist dies die Aufforderung an uns selbst, unseren Kopf wieder nach Hause zu holen. Machen Sie es doch wie der Kopfsalat: Er hat sein Herz mitten im Kopf. Auch wir brauchen wieder die Verbindung zwischen unserem Herzen und unserem Kopf, um uns als die Einheit zu erfahren, die wir tatsächlich sind. Möge unser Denken wieder in Verbindung mit unserem Herzen stehen. Möge auch unser Sprechen kein sinnloses, leeres Geplapper sein, sondern ein von Herzen kommender Ausdruck unserer selbst. Möge unser Handeln stimmiger Ausdruck unseres Denkens und Redens sein.

Unter einem „stimmigen" Menschen verstehe ich jemanden, der im wirklichen Einklang mit sich selbst ist. Sein Reden wirkt als stimmiger Ausdruck seines Denkens. Sein Handeln steht im Einklang mit seinem Reden. Seine Präsenz löst ein angenehmes Gefühl aus.

Nehmen wir in uns einen Widerspruch zwischen unserem Denken und unserem Fühlen wahr, so geht es nicht darum, eine Wahl zwischen „Kopf über Herz" oder „Herz über Kopf" zu treffen. Vielmehr geht es zunächst darum, uns – schmerzlich – bewusst zu machen, wie sehr wir uns von uns selbst abgetrennt erleben. Wir benötigen ein Bewusstsein für dieses Abgetrenntsein. Und eine Anerkennung dieses Schmerzes. Erst wenn wir wirklich bereit sind, den Schmerz des Abgetrenntseins zu fühlen, kann daraus die Sehnsucht nach dem In-Einklang-kommen-Wollen erwachsen. Diese Sehnsucht kann uns auf den Weg des Erforschens bringen, wie denn ein *beseeltes*, stimmiges, authentisches Leben für uns selbst möglich sein könnte. Es ist hilfreich, stimmige Menschen zu kennen, die ebenso wie wir diese Sehnsucht in sich tragen, so dass wir uns gegenseitig dabei unterstützen können, dieser Sehnsucht nahe zu kommen. Solche Menschen bezeichnen wir gerne als Seelenverwandte, da sie in uns etwas Tiefes berühren, den Ort unserer eigenen Essenz.

Ein besonderer Mensch, der in bemerkenswerter Weise die eigene innere Stimmigkeit und damit die innere Freiheit vorgelebt hat, war Nelson Mandela. Er war über viele

Jahre physisch ein Gefangener. Er wurde von einem Regime, das seine Macht auf Trennung, auf Abspaltung von Weißen und Schwarzen gründete, gefangen gehalten. Äußerlich war er ein Unfreier des südafrikanischen Apartheitregimes. Doch innerlich war er frei. Das Gedicht „Invictus" (Unbezwungen) von William Ernest Henley gab Nelson Mandela über die langen Jahre der Haft tiefen Halt und großen Trost:

> Aus finstrer Nacht, die mich umragt,
> durch Dunkelheit mein' Geist ich quäl.
> Ich dank, welch Gott es geben mag,
> dass unbezwung'n ist meine Seel.
> Trotz Pein, die mir das Leben war,
> man sah kein Zucken, sah kein Toben.
> Des Schicksals Schläg in großer Schar.
> Mein Haupt voll Blut, doch stets erhob'n.
> Jenseits dies Orts voll Zorn und Tränen,
> ragt auf der Alp der Schattenwelt.
> Stets finden mich der Welt Hyänen.
> Die Furcht an meinem Ich zerschellt.
> Egal, wie schmal das Tor, wie groß,
> wie viel Bestrafung ich auch zähl.
> Ich bin der Meister meines Los'.
> Ich bin der Käpt'n meiner Seel.

Auch wenn uns kein „böses" Regime gefangen hält, so sind doch auch wir mit Schicksalsschlägen oder anderen, von außen auf uns zukommenden Schwierigkeiten konfrontiert. Vielleicht sind es „nur" die realen Beschränkungen der äußeren Wirklichkeit oder unseres langsam schwächer werdenden Körpers, die an uns nagen.

Worüber ärgern Sie sich derzeit? Was belastet Sie? Womit sind Sie derzeit innerlich im Unfrieden?

Auch wenn diese Beschränkungen und Schwierigkeiten im Außen unveränderlich sein mögen, so können Sie selbst durch die Erhöhung Ihrer inneren Freiheitsgrade davon unbezwungen bleiben. Machen Sie sich bewusst, dass zu unser aller Alterungsprozess äußerliche Einschränkungen und körperliche Gebrechlichkeiten gehören. Gerade durch die Erlangung von innerer Gelassenheit, Weisheit und der Freiheit, der Welt da draußen nichts mehr beweisen zu müssen, können wir eine Art innere Freiheit des Alters in uns kultivieren. Ein alter Mensch, der im guten Sinne des Wortes altersweise ist und sich nicht mehr mit den Jungen vergleichen muss oder seiner eigenen Jugend nachtrauert, ist ein ermutigendes Beispiel für alle, die im Lebenskreis nach ihm kommen. Er reicht den Jüngeren sozusagen die Hand und hilft ihnen, sich mehr und mehr dem eigenen Lebensfluss anzuvertrauen.

Wahre Freiheit ist nicht in erster Linie ein äußeres Freisein, sondern eine von innen kommende Qualität unserer Seele.

Vielleicht gibt es in Ihrem beruflichen Erleben so etwas wie ein Gefühl des Gefangenseins. Womöglich ärgern Sie sich über das Verhalten Ihres Vorgesetzten oder die realen Arbeitsbedingungen Ihrer derzeitigen beruflichen Aufgabe. Vielleicht würden Sie am liebsten kündigen, wagen dies aber aus existenziellen Ängsten heraus nicht. Sollte dies der Fall sein, können Sie mit der nachfolgenden Übung Ihre inneren Freiheitsgrade erhöhen, ohne (zunächst) real handeln zu müssen. Gleichzeitig kann aber aus dieser größer gewordenen inneren Freiheit heraus tatsächlich die Bereitschaft in Ihnen wachsen, zur rechten Zeit zu gehen, wenn es für Sie auch wirklich ganz stimmig ist.

ÜBUNG
Innere Kündigung

Formulieren Sie ein Kündigungsschreiben an Ihren Arbeitgeber, ohne dies anschließend abzuschicken. Sie können dieses Schreiben beispielsweise zu Hause in einer Schublade aufbewahren. Mit diesem Brief signalisieren Sie Ihrer eigenen Seele: „Ich bin bereit loszulassen, wenn der Ruf des Lebens endgültig an mich ergeht." Wenn es für Sie passt, können Sie auf einem zweiten Blatt einen „Anstellungsvertrag bei meiner Seele" verfassen. Darin können Sie zum Beispiel festschreiben, dass Sie sich Ihrer eigenen Wahrheit verpflichtet fühlen und sich selbst treu bleiben wollen.
Beobachten Sie in den kommenden Wochen, wie sich diese innere Entscheidung, frei zu sein, auswirkt. In welcher Weise ändert sich Ihre Wahrnehmung bezüglich Ihrer Arbeit? Wie wirkt sich Ihre neu gewonnene innere Freiheit auf Ihr Erleben von Ärger und Verdruss aus?

Was verändert sich womöglich in den kommenden Wochen ganz konkret an Ihrer Arbeitsstelle? Inwieweit ist dies alles ein Hinweis, dass es derzeit vor allem um eine Änderung Ihrer eigenen Einstellung geht? Oder braucht es doch einen Abschied von Ihrer bisherigen Arbeitsstelle und eine andere, neue Anstellung?

Wer auch immer dir begegnet – ist SCHWESTER oder BRUDER

Der kleine Regentropfen

Am Himmel braut sich was zusammen. Die klimatischen Bedingungen sorgen dafür, dass sich Feuchtigkeit ansammelt und kleine Wölkchen bildet.

In einer großen weichen weißen Wolke verschmelzen immer mehr Wasserpartikelchen miteinander. Es entsteht langsam ein kleiner Regentropfen. Er wird immer größer und schwerer und beginnt Gestalt anzunehmen. Mit Zunahme seines Gewichts zieht es ihn immer weiter nach unten, und er spürt, dass er sich nicht mehr halten kann.

Er bekommt Angst, als er sich langsam aus seiner vertrauten weichen Umgebung zu lösen beginnt. Wo zieht es mich hin? Was passiert mit mir? Gibt es etwas außerhalb der Wolke?

Plötzlich zieht es ihn unaufhaltsam nach unten, und er löst sich ganz. Er fliegt im freien Fall durch die Luft. Alles ist zunächst neu und fremd und ängstigt ihn. Langsam spürt er seine Form und Gestalt und seine Eigenschaften. Er beginnt zu erkennen: „Ich bin ein Regentropfen." Aber er fühlt sich in seiner begrenzten Form, getrennt von seiner Mutter Wolke, sehr einsam.

Zunehmend bemerkt er, dass einige Zentimeter von ihm entfernt noch andere Regentropfen fallen. „Oh", denkt er, „ich bin ja gar nicht allein und auch nicht der Einzige." Er beginnt, Kontakt aufzunehmen, und fragt die anderen Regentropfen: „Wo kommt ihr denn her?" Er überlegt sich auch, wer schneller fällt oder wer größer und wer kleiner ist als er.

Dann stellt einer die Frage: „Wo fliegen wir eigentlich hin?" Zunächst weiß keiner eine Antwort, bis ein sehr alter Regentropfen meint: „Ich habe gehört, wenn unsere Reise zu Ende geht, werden wir auf etwas Hartes auftreffen und sterben."

Das macht dem kleinen Regentropfen große Angst. Er will nicht sterben. Es ist so schön, hier durch die Luft zu fliegen und mit den vielen anderen Regentropfen zusammen zu sein.

Er fragt sich: „Wie wird Sterben und was passiert danach?" Plötzlich spürt er eine Luftveränderung.

Starke Winde wirbeln die Tropfen durcheinander und er fragt den Wind, ob er weiß, wo die Reise hingeht. Der Wind antwortet: „Du wirst bald auf die Erde auftreffen und dann vergehen."

Da bekommt der kleine Regentropfen immer noch mehr Angst. Doch plötzlich macht es „Platsch" und er schlägt auf der Wasseroberfläche des Meeres auf. Er spürt, wie seine Form sich auflöst und er seine Gestalt verliert. Aber was ist das? Er ist umgeben von unendlich vielen Wassertropfen. Ja, sie sind gar nicht mehr von ihm getrennt oder zu unterscheiden.

Er ist eins mit der unendlichen Wassermasse des Ozeans. Er ist selber Ozean. Zwar hat er seine Gestalt verloren, aber nun ist er nicht mehr getrennt und allein. Er hat das Gefühl, zu Hause angekommen zu sein, und spürt einen tiefen inneren Frieden.

WOLFGANG BRANDLHUBER

Auf unserer Lebensreise erleben wir uns der Form nach getrennt von allen anderen. Wir vergleichen uns mit ihnen und kommen womöglich zu dem Ergebnis, dass wir selbst ein „armer Tropf", andere viel besser dran oder wir eben alle bloß vereinzelte Individuen sind. Dies ist aber nur eine Wirklichkeitsebene. Ist es nicht so, dass wir auf einer essentiellen Ebene wesensgleich sind und am Ende unserer Reise wieder in einen gemeinsamen Raum eintreten?

Wie schön ist es doch, die Erfahrung von Verbundenheit machen zu dürfen. Auf diese Weise erreicht die Qualität unserer zwischenmenschlichen Beziehung eine ganz andere Dimension. Ganz anders verhält es sich, wenn wir uns nur als von allen anderen abgetrennte Einzelkämpfer wahrnehmen. Diese Erfahrung der Verbundenheit mögen wir vielleicht konkret mit einzelnen wenigen Menschen teilen. Aber was ist mit den anderen? Was ist mit denen, die wir als feindselig gesinnt oder desinteressiert an unserem Weg erleben? Sind diese letztlich auch unsere Geschwister?

Ich möchte an dieser Stelle einen Konflikt zweier männlicher Patienten unserer Klinik schildern, die es zunächst richtig schwer miteinander hatten. Paul hielt Alexander für einen arroganten Angeber, da dieser immer mit seinem neuen Mercedes prahlte. Andererseits warf Alexander Paul Verlogenheit vor, da dieser ebenso mit seinem Auto angab, wenngleich er dies nicht ganz so offensichtlich wie er selbst tat. Die beiden machten einen weiten Bogen umeinander. Erst als sie sich gegenseitig offen und ehrlich begegneten, indem sie sich mit ihrer verletzlichen Seite zeigten, änderte sich ihre Beziehung grundsätzlich. Beide stellten fest, dass sie ein ähnliches Los zu tragen hatten: Sie hatten Väter, die ihnen die ersehnte Anerkennung und Wertschätzung ein Leben lang verweigert hatten. So diente offenbar beiden das Streben nach Erfolg und sichtbarem Prestige als Versuch, die Vaterwunde zu heilen – was jedoch offensichtlich nicht gelang. Indem sie beide ganz authentisch waren, begannen sie, sich mehr füreinander zu interessieren, und entdeckten viele Gemeinsamkeiten, die letztlich zum Boden einer echten Freundschaft wurden.

Auf seelischer Ebene betanzten sie gewissermaßen das gleiche Thema, die fehlende väterliche Anerkennung.

Manchmal sind die vermeintlich schwierigen Mitmenschen so etwas wie wichtige Entwicklungshelfer, die uns unbewusst einen großen Dienst erweisen. Ich selbst hatte während meiner Zeit als Assistenzarzt an einer Universitätsklinik eine solche Begegnung. Die innerbetriebliche Atmosphäre in diesem Krankenhaus war extrem von Konkurrenz und von fehlender Kollegialität geprägt. Jeder musste sich irgendwie behaupten, um sich – wie damals üblich – von Jahresvertrag zu Jahresvertrag hangeln zu können. Ich hatte eine Art U-Boot-Strategie gewählt, die lautete: „Bloß nicht negativ auffallen!" Trotzdem kam es zu einem Konflikt mit einem anderen, extrem ehrgeizigen ärztlichen Kollegen, als dieser mich bei meinem Vorgesetzten anzuschwärzen versuchte. Nun blieb mir nichts anderes übrig, als aufzutauchen und mich vom U-Boot zum Segelboot zu entwickeln. Ich musste mich dadurch anders positionieren, Flagge zeigen und die Segel in den Wind stellen. Ich konnte nicht mehr einfach nur so mitschwimmen, sondern musste mir auch innerlich meiner Ziele und Werte besser bewusst werden. Ist das hier mein Platz? Wofür bin ich wirklich angetreten? Diese äußere, aber noch vielmehr die innere Auseinandersetzung brachte mich letztlich auf den Weg, der sich als zutiefst stimmig herausstellen sollte.

Auf der Ebene der seelischen Verbundenheit wissen wir, dass wir „ein Körper" sind. Was wir einem anderen antun,

tun wir somit auch uns selber an. Vielleicht kennen Sie diese Erfahrung: Wie ein hartnäckiges Grollen, das Sie gegenüber einem anderen Menschen in sich tragen, auch Sie selbst „mitinfizieren" kann. Ich hoffe, Sie kennen ebenfalls die Erfahrung, wie befreiend es sich in Ihnen anfühlt, wenn sich ein alter Konflikt auf eine gute Weise lösen lässt.

ÜBUNG
Der Liebeskern im anderen

Nehmen Sie zunächst Kontakt mit Ihrem eigenen Herzensraum auf. Legen Sie dazu die flachen Hände auf Ihren Brustkorb und atmen tief in Ihr Herz ein und wieder aus. Nun stellen Sie sich einen Menschen vor, mit dem Sie aktuell im Clinch liegen oder mit dem Sie sich derzeit einfach nur schwertun. Machen Sie sich bewusst, dass er – genauso wie Sie selbst – einen hellen, heilen Kern in sich trägt. Vielleicht hilft es Ihnen, sich Ihr Gegenüber als Neugeborenes vorzustellen. Wie sah er wohl aus? Was empfinden Sie diesem unschuldigen, kleinen Wesen gegenüber? Was muss er wohl an Verletzungen erlitten haben, um sich zu dem Menschen zu entwickeln, der er heute nun einmal ist? Nehmen Sie innerlich Kontakt mit seinem Liebeskern auf, der von seiner Geschichte unverletzt geblieben ist. Wie fühlt sich das in Ihnen an? Was verändert sich dadurch in Bezug auf ihn?

Empfange die GNADE

Ich möchte Sie einladen, den folgenden Text in Ruhe durchzulesen und ihn einen Moment auf sich wirken zu lassen, bevor Sie anschließend weiterlesen:

Das Leben empfangen

> Das Leben ist ein großartiges Geschenk
> Nein, die Wahrheit ist
> Dass das Leben anstrengend und mühsam ist
> Ich glaube nicht
> Dass ich mein Leben innerer Ruhe gestalten kann
> Dass ich ein leichtes Leben führen darf
> Dass ich einer inneren Stimme folgen darf
> Es ist doch so
> Dass unser Leben nur von Stress geprägt ist
> Ich kann mir beim besten Willen nicht vorstellen
> Dass etwas Größeres mich umfängt und hält
> Dass ich mit weichen, milden Augen
> mich selbst ansehen darf
> Es ist doch unumstößlich klar
> Dass es keine Seele gibt
> Ich kann einfach nicht glauben
> Alles wird beim Alten bleiben
> Es wäre nicht wahr, würde ich behaupten
> Empfange die Gnade

Nun bitte ich Sie, den obigen Text von unten nach oben zu lesen. Machen Sie danach wieder einen Moment Pause, um die Wirkung des Gelesenen auf Sie selbst wahrnehmen zu können.

So wie wir diesen Text aus zwei verschiedenen Blickwinkeln lesen können, so können wir auch unser eigenes Leben aus unterschiedlichen Perspektiven wahrnehmen. Jede Perspektive, die wir einnehmen, wird sich unterschiedlich auf uns und unser *Erleben* auswirken.

Ich möchte diese Tatsache noch an einem konkreten Beispiel verdeutlichen.

Unser Ein- und Ausatmen wird durch unser autonomes Nervensystem gesteuert. Wir brauchen nichts aktiv dazu beitragen, der Fluss des Atems fließt von selbst. Es atmet uns. Dies ist die eine Wirklichkeit. Gleichzeitig können wir aber den Atemrhythmus durch unser willentliches Dazutun beeinflussen. So können wir mit unserer Willkürmotorik den Atem zum Beispiel stark beschleunigen, was uns aber auf Dauer sehr erschöpfen würde. Dies ist die andere Wirklichkeit.

Wir können also den Atem einerseits auf natürliche Weise empfangen, oder wir können andererseits durch unser Tun den Atem anders, schneller werden lassen.

Ich möchte Sie im Folgenden zu einem kleinen Experiment einladen:

ÜBUNG
Geschenk des Atems

Bitte beobachten Sie Ihren natürlichen Atemfluss für etwa eine Minute. Nehmen Sie einfach wahr, wie frische

Luft in Sie hineinfließt und verbrauchte Luft wieder aus Ihnen herausströmt. Versuchen Sie den Atemrhythmus in seinem je eigenen Verlauf wahrzunehmen, ohne etwas verändern zu wollen.

In der zweiten Phase atmen Sie bewusst etwas schneller. Führen Sie diese willentlich intensivierte Atmung wiederum für etwa eine Minute aus.
In der dritten Phase kehren Sie wieder zum ursprünglichen, natürlichen Atemfluss zurück. Genießen Sie ganz bewusst für die Dauer einer Minute, wie schön es ist, anstrengungslos den Atem kommen und gehen zu lassen. Wenn Sie wollen, können Sie sich am Ende der Übung still und leise für das Geschenk des Atems bedanken.

Machen Sie sich jetzt bitte folgende Wahrheiten bewusst:

Jeder Atemzug ist ein Geschenk des Lebens an Sie. Mit jedem Atemzug nehmen Sie neuen Sauerstoff auf – und damit neue Lebensmöglichkeiten. Einatmend empfangen wir das Lebensnotwendige und ausatmend lassen wir das, was uns nicht mehr dient, los. Der Atem fragt nicht: „Was haben Sie bisher aus Ihrem Leben gemacht?" oder „Was haben Sie heute schon geleistet?" Der Atem kommt einfach so. Gratis. Kostenlos. Als Geschenk! Tatsächlich wird der Atem uns allen geschenkt, ohne dass wir etwas tun, etwas leisten müssten. Wir alle empfangen den Atem, neuen Sauerstoff, und somit die Grundlage unseres Lebens aus einem gemeinsamen (Luft-)Raum.

So wie jeder Atemzug ein Geschenk des Lebens an uns ist, so ist auch unsere gesamte Lebenszeit ein großartiges Geschenk an uns. Wir können unsere Lebenszeit nicht verlängern. Wir können sie nur intensivieren. Wir intensivieren sie dadurch am einfachsten, dass wir mit Achtsamkeit und Dankbarkeit das Geschenk des Lebens empfangen. Augenblick für Augenblick. Atemzug für Atemzug. Dankbarkeit ist die einzig stimmige Antwort auf das Geschenk des Lebens. Sollten Sie den Eindruck haben, dass Sie in Ihrem Leben bisher wenig Grund zum Danken hatten, so können Sie sich doch bewusst machen, was geschehen würde, wenn der nächste Atemzug ausbliebe. Im Übrigen ist das Beste, was Ihnen heute passieren konnte, schon geschehen: Sie sind aufgewacht.

Ist es nicht eine Gnade, für eine Weile auf diesem Planeten in einem menschlichen Körper wandeln zu dürfen?

Ich verwende hier ganz bewusst den etwas angestaubt wirkenden Begriff der Gnade. Das Wort „Gnade" entstammt dem Germanischen und bedeutet so viel wie eine Gunst erweisen. Jemandem wird von einer höheren Ebene aus eine gütige, wohlwollende, milde Zuwendung zuteil. Er empfängt ein Geschenk. So kann ein Richter einem Angeklagten gegenüber „Gnade vor Recht" walten lassen. In einem religiösen Kontext wird unter Gnade üblicherweise die „verzeihende Güte Gottes" verstanden. Sind wir letztlich nicht alle Begnadete? Freie Menschen. Gesegnete Menschen. Wie wäre es, wenn wir in unserem Leben weniger an das eigene „Tun-Müssen" glauben, sondern vielmehr in der Haltung des Begnadetseins leben würden?

Vermutlich würde sich unser Leben tatsächlich leichter und erfüllter anfühlen. Wir könnten uns als vielfach Beschenkte erleben.

Mögen Sie mit offenem Herzen die Gnadengaben des Lebens empfangen dürfen. Jetzt – in diesem Augenblick, bei diesem Atemzug. Aber auch im nächsten Augenblick und beim nächsten Atemzug …

Eins im Anderen und ALLE VERBUNDEN

Patrick Schank, dessen unerwarteter Tod mich zu diesem Buch inspiriert hatte, war auch ein leidenschaftlicher Geschichtenerzähler. Einmal im Monat – immer zu Neumond – lud Patrick Menschen ein, mit ihm unter dem Nachthimmel am Feuer zu sitzen. Er nannte dieses Ritual das „Heilige Feuer". Dort war Platz, um Erlebtes mit anderen zu teilen. Erfahrungen, für die wir dankbar waren, aber auch Erfahrungen, die uns in besonderer Weise herausforderten. Und es war ein Ort, um Geschichten zu erzählen und Geschichten zu lauschen.

Es gibt dafür keinen besseren Platz, als gemeinsam um ein Feuer zu sitzen.

Erst wenige Wochen vor seinem Tod hatte er mir einen selbstverfassten Geschichtenband überreicht. „Hier für Dich", meinte er damals, mit einem Grinsen im Gesicht. Eine seiner Geschichten möchte ich am Ende dieses Buches weitergeben.

Es ist die Geschichte von Patrick. Er hat sie ursprünglich aufgeschrieben. Weil diese Geschichte und sein früher

Tod mich innerlich so sehr berührt haben, ist sie in gewisser Weise auch zu meiner Geschichte geworden. Letztlich ist es jedoch auch die Geschichte von uns allen.

Eins im Anderen und alle verbunden

Ganz weit draußen, dort wo noch Wildbäche durch riesige Wälder fließen, Quellen lustig vor sich hin sprudeln und das Röhren der Hirsche im Herbst zu hören ist, dort liegt der Ort, an dem diese Geschichte sich ereignet.

Es ist Frühling, und die Wärme der Sonne lässt die Zapfen an den großen Nadelbäumen ihre Schuppen öffnen, damit die geflügelten Samenkörner mit dem Wind auf die Reise gehen können. Eines dieser Samenkörner landet unweit einer Ameisenstraße, wo diese fleißigen Tierchen unablässig Material und Nahrung für ihren Bau transportieren.

Eine dieser Ameisen findet den Samen und zerrt ihn mit ihren starken Beißwerkzeugen und den sechs dünnen Beinen zum Ameisenhaufen. Dort verschwindet sie mit dem Gefundenen in der Tiefe der Erde und kehrt wenig später wieder zurück, um erneut auf die Suche zu gehen. Gerade noch erfreut sich Ameise ihres Lebens, als sie von hinten gepackt wird und das Gift der Spinne sie lähmt. Dann wird alles schwarz.

Als sie wieder zu sich kommt, spürt sie, dass ihr Körper aufgelöst und in verschiedene Teile der Spinne umgebaut wird. Und sie bemerkt, dass sie plötzlich wie die Spinne fühlen kann, ja Teil der Spinne geworden ist. Das freut sie sehr.

Spinne macht sich wieder auf, um nach Beute zu schauen. Da fällt ein kleiner Schatten auf sie und sie duckt sich noch – doch zu spät. Blaumeise war schneller und trägt Spinne als Futter zu ihren Jungen. Dort verschwindet Spinne im rosa Schnabel eines bettelnden Jungvogels. Dann wird alles schwarz.

Als sie wieder zu sich kommt, spürt sie, dass sich ihr Körper auflöst und Teil des jungen Vogels wird. Und sie kann sich plötzlich leicht wie ein Vogel fühlen und freut sich, bald mit dem Vogel das Fliegen zu lernen.

Aber halt, da war noch jemand: „Wer bist du?"

„Ich bin Ameise und Teil von dir geworden, nun bin ich auch Teil dieses Vogels und auch ich freue mich, bald auszufliegen."

Die kleine Blaumeise wächst und macht ihre ersten Flugversuche, und so lernen auch Ameise und Spinne Fliegen. Kaum aus dem Nest ausgeflogen und recht übermütig macht die junge Blaumeise waghalsige Flugmanöver und stürzt dabei in einen Teich. Gerade noch mit den Flügeln aufs Wasser schlagend, findet sie sich im nächsten Moment im großen Maul von Hecht. Dann wird es dunkel.

Als sie wieder zu sich kommt, spürt sie, wie sich ihr Körper auflöst und Teil des Hechtes wird. Die Federn werden zu Schuppen und die Flügel zu Flossen. Sie kann wie ein Fisch das Wasser erleben und diese wunderbare Welt unter der Oberfläche.

Da bemerkt sie, dass da noch etwas ist: „Wer bist du?"

„Ich bin Ameise und Teil von Spinne."

„Und ich bin Spinne und Teil von dir, und wir freuen uns mit dir, dieses Wassererlebnis zu teilen."

Hecht schwimmt munter im Teich und wird größer. Doch dann kommt Otter. Er hat gerade diesen kleinen Teich entdeckt und da er Hunger hat, macht er sich auf die Suche nach Fisch, seiner Leibspeise, neben Muscheln, die er auch gern mag. Hecht ahnt nichts davon, bisher war er der größte Räuber im Teich gewesen und über die Monate auch etwas unvorsichtig geworden. Schwupp macht es und das Wasser spritzt, als Otter den Hecht zwischen seinen Zähnen an Land bringt und genüsslich in der Sonne verspeist. Da wird es schwarz.

Als er wieder zu sich kommt, kann Hecht spüren, wie sein Körper Teil des Otters wird und das macht ihn ganz aufgeregt. Er wird lernen, wie es ist, gleichzeitig im Wasser und auch an Land atmen und leben zu können – das ist eine Sensation!

„Ist das nicht unglaublich?", sagt Ameise und Hecht erschrickt. Er dachte, er wäre allein.

„Sagenhaft", meint Spinne.

„Einfach magisch", zwitschert Blaumeise und sie erzählen Hecht, wie sich alles so zusammengefügt hat.

So verbringen sie eine wunderbare Zeit am Teich, und es wird Herbst. Otter ist alt geworden und müde, viele Sommer hat er gesehen und er hat das Gefühl, sein Leben ganz gelebt zu haben. So entscheidet er sich, einen Platz zu suchen, an dem er für immer einschlafen kann. Er findet ein dickes Moosbett unter einem alten Nadelbaum, und die untergehende Sonne schickt ihre letzten Strahlen dorthin. Zufrieden legt sich Otter aufs Moos. Dann wird es dunkel.

Als er wieder zu sich kommt, spürt er, wie sich sein Körper in der Erde auflöst und verwandelt, er selbst aber immer leichter wird und zu schweben beginnt. Ganz entzückt von diesem Ereignis bemerkt er erst jetzt, dass überall Schnee liegt und dass neben ihm auch Ameise, Spinne, Blaumeise und Hecht schweben. Sie bedanken sich gegenseitig für die tiefen

Einsichten in das Leben durch den anderen und die große Verbundenheit, die sie jetzt alle spüren.

Sie alle sind nun wirklich frei geworden und können noch einmal auf ihr Leben zurückschauen. Und das, was sie da sehen, erfüllt sie sehr, denn ihr Leben hat Sinn gehabt. Und Ameise staunt nicht schlecht, als sie sieht, dass aus dem Samen, den sie in die Erde getragen hat, ein kleines Bäumchen zu sprießen beginnt.

PATRICK SCHANK

SEGENSWÜNSCHE

Mögest Du jeden neuen Tag als ein heiliges Geschenk erleben, gewoben um das Herz des Wunders.

Mögest Du bei jedem Erwachen in Deinem Herzen das Flüstern einer segnenden Stimme vernehmen: Es wird Dir etwas Gutes widerfahren.

Mögest Du eine Harmonie zwischen Deiner Seele und Deinem Leben finden.

Mögest Du Glück und Freude finden im Tempel Deiner Sinne.

Mögest Du Dir die Zeit nehmen, die stillen Wunder zu feiern, die keine Aufmerksamkeit heischen.

Mögest Du Trost finden in der geheimen Symmetrie Deiner Seele.

Mögest Du dem Ruf Deiner Gabe Gehör schenken und den Mut finden, ihrem Weg zu folgen.

Möge Wärme des Herzens Deine Gegenwart hell auflodern lassen und möge die Angst Dich niemals belagern.

Möge Deine äußere Würde ein Spiegel sein der inneren Würde Deiner Seele.

JOHN O'DONOHUE

VERWENDETE UND WEITERFÜHRENDE LITERATUR

Arvay, Clemens G., Der Biophilia Effekt – Heilung aus dem Wald, Berlin, 2016

Aurelius Augustinus, De vera religione. Über die wahre Religion (Latein/Deutsch), herausgegeben und übersetzt von Wilhelm Thimme, Stuttgart 1986

Braden, Gregg, Verlorene Geheimnisse des Betens – Die verborgene Kraft von Schönheit, Segen, Weisheit und Schmerz, Ramerberg, 2018

Dahlke, Rüdiger, Fastenwandern – Der nachhaltige Weg zu Gesundheit, Fitness und sich SELBST, München, 2017

Domin, Hilde, „Bitte" in: Gesammelte Gedichte, Frankfurt am Main 1987

Einstein, Albert, nach einem Briefausschnitt veröffentlicht 1972 in der New York Times.

Elsner, Henning u. a., SeelenZeit, Bad Kissingen, 2017

Faulds, Danna, nach „The Whole Array", in: dies., Prayers to the Infinite, New Yoga Poems, Omaha 2004

Faulstich, Joachim, Das heilende Bewusstsein – Wunder und Hoffnung an den Grenzen der Medizin, München, 2008

Felber, Christian, Die innere Stimme – Wie Spiritualität, Freiheit und Gemeinwohl zusammenhängen, Oberursel, 2015

Goethe, Johann Wolfgang von, „Selige Sehnsucht", in: ders., West-östlicher Divan, Stuttgart, 1819

Grün, Anselm, Müller, Wunibald, Was ist die Seele? Mein Geheimnis – meine Stärke, München, 2011

Havener, Thorsten, Denk doch, was Du willst – Die Freiheit der Gedanken, Rowohlt, Reinbek, 2013

Hesse, Hermann, Die Gedichte, Frankfurt a. M., 2001
- Ders., Incipit vita nova aus „Eine Stunde hinter Mitternacht" in: ders., Das erzählerische Werk: Sämtliche Jugendschriften, Romane, Erzählungen, Märchen und Gedichte, Bd. 2, Frankfurt a. M., 2012
- Ders., aus Klein und Wagner, in: ders., Sämtliche Werke in 20 Bänden, Bd. 8, Frankfurt a. M., 2002
- Ders., Stufen, in: ders., Gesammelte Werke in zwölf Bänden, Bd. 1, Suhrkamp Verlag, Frankfurt a. M., 1982

Hillesum, Etty, Das denkende Herz der Baracke, Freiburg i. Br., 2017

Jung, Carl Gustav, Gesammelte Werke, Band XI, Zürich, 1963

Jung, Carl Gustav, Gesammelte Werke, Band VIII, Zürich, 1967

Jung, Carl Gustav, Bewusstes und Unbewusstes, Frankfurt a. M., 1971

Kazantzakis, Nikos, Alexis Sorbas, Reinbek, 1985

Knapp, Natalie, Kompass neues Denken – Wie wir uns in einer unübersichtlichen Welt orientieren können, Reinbek, 2013

Müller, Wunibald, Trau Deiner Seele, Topos, Mainz, 2001

O'Donohue, John, Echo der Seele – Von der Sehnsucht nach Geborgenheit, München, 1999

Rilke, Rainer Maria, „Vor lauter Lauschen und Staunen sei still", in: ders., Die frühen Gedichte, Leipzig, 1909

Rogers, Carl, Der neue Mensch, Stuttgart, 1981

Schank, Patrick, RabenGeplauder – Geschichten zum Lesen, Lauschen, Lernen, 2011, Eigenverlag (zu bestellen bei: tinaschank@gmx.de)

Schank, Patrick, RabenFlügel – Geschichten zum Lesen, Lauschen, Lernen, 2017, Eigenverlag (zu bestellen bei: tinaschank@gmx.de)

Seghezzi, Ursula, Kompass des Lebens, Friesen, 2012

Sheldrake, Rupert, Fox, Matthew, Die Seele ist ein Feld, München, 1996

Saint-Exupery, Der Kleine Prinz. Die Originalausgabe, Der Erstausgabe von 1950 angepasst und mit der Originalübersetzung von Grete und Josef Leitgeb, Düsseldorf, 2016

Tischinger, Michael, Jeder Tag ist ein geschenktes Leben, Freiburg i. Br., 2013

Tischinger, Michael, Selbstliebe – Weg der inneren Heilung, Freiburg i. Br., 2017

VERWENDETE UND WEITERFÜHRENDE LITERATUR

Vogel, Ralf T., Individuation und Wandlung – Der „Werdensprozess der Seele" in der Analytischen Psychologie C. G. Jungs, Stuttgart, 2017

Ware, Bronnie, Fünf Dinge, die Sterbende am meisten bereuen – Einsichten, die Ihr Leben verändern werden, München, 2015

Zahrada, Hella, „Das Vermächtnis", in: dies, Ephides: Ein Dichter des Transzendenten, Edewecht, 2012

SONSTIGE QUELLENHINWEISE

Henley, William Earnest, „Invictus", Übersetzung der deutschen Synchronisierung des Films „Invictus – Unbezwungen", Warner Bros. Entertainment GmbH, 2009.

Karges, Carlo, Wer Schmetterlinge lachen hört, Musikalbum, Brain, 1983

McCartney, Paul, Interview im Magazin „Musician", Oktober 1986.

Die Grafiken auf S. 128 und S. 154 gehen inhaltlich zurück auf Patrick Schank und wurden mit freundlicher Genehmigung für dieses Buch gestaltet.

www.gdv.de/de/medien/aktuell/die-generation-mitte-2018-35798

www.sueddeutsche.de/wissen/2.220/psychologie-bin-ich-klug-1.4110605

www.ethik-heute.org/liebe-die-antwort-auf-die-krisen-unserer-zeit/

www.rhetorik-netz.de/Stanford-rede-steve-jobs-2005

www.davidlweatherford.com

www.aufruf-zum-leben.de

www.jochenmariss.de

Autor und Verlag haben sich bemüht, alle Rechteinhaber ausfindig zu machen. In Fällen, wo dies nicht gelungen ist, bitten wir um Rückmeldung.

AUFRUF ZUM LEBEN

Es ist ZEIT!

Wir sind Menschen, denen ein Zusammenleben in Würde am Herzen liegt.

Wir erleben täglich die herausragende Bedeutung unserer Seele, die eine größere Beachtung erfordert.

Wir sind erschüttert über die psychosoziale Lage in allen Industrienationen, denn seelische Erkrankungen und psychosoziale Problemlagen sind dermaßen häufig, dass sie trotz einer Zunahme von medizinischen und therapeutischen Versorgungsangeboten bei Weitem nicht angemessen behandelt und aufgelöst werden können. Und dies betrifft alle Altersgruppen und Schichten, es betrifft die seelischen Belastungen in Familie, Schule, Arbeitswelt und Kommune.

Unsere Seele leidet an individuellem Stress, an Entmenschlichung, an Überforderung und Verletzungen und an mangelndem zwischenmenschlichem Halt, mangelnder Unterstützung und Liebe.

Unsere Seele besitzt auch Widerstandskraft, innere Stärke und Lebendigkeit. Sie ist fähig zu Lebensfreude, Erfüllung großer Aufgaben, Mitgefühl und Liebe.

Es gibt zahllose Institutionen, Projekte, Unternehmungen, Netzwerke und Verbände, die von Mitmenschlichkeit oder der Sehnsucht nach einem verantwortungsvollen Zusammenleben getragen sind. Wir sind mehr als unser Leiden, wir sind mehr als unsere gesellschaftlichen Rollen, mehr als Funktionsträger und Kostenfaktoren. Wir sind lebendige Lebewesen, Eltern, Kinder, Partner, Freunde, Kollegen. Wir sind Mitmenschen, ja sogar Mitwesen mit allen Lebewesen. In der Tiefe unserer Seele spüren wir das Leben, das unser größtes Geschenk ist. Lasst uns achtsam und wertschätzend damit umgehen, aus Ehrfurcht vor dem Leben, mit Liebe zum Leben.

So wollen wir uns für ein Zusammenleben engagieren, in dem unser Herz aufgeht, unsere Seele atmet und unsere Fähigkeiten wachsen. Lasst uns unsere Arbeit, unsere Schulen, unser Wohnen und unser Leben so organisieren, dass wir gesund, beherzt und lebendig bleiben und gemeinsam Kräfte entwickeln, die Herausforderungen von heute und von morgen zu meistern.

Die Welt ist so beschaffen, dass wir nur gemeinsam leben und überleben können. Wir brauchen Menschen, die ihr Herz öffnen. Wir brauchen Orte, an denen wir das Beste, was in uns steckt, wachsen lassen können. Orte, an denen wir gemeinsam lernen, wie wir leben können, ohne dass der Druck uns krank, die Gewalt uns dumpf und die Hoffnungslosigkeit uns lahm macht. Orte, an denen wir unsere Kinder aufwachsen sehen wollen. Orte, an denen wir Zufriedenheit und Glück empfinden können. Orte, an denen wir alt werden und sterben wollen.

Lasst uns Nachbarschaften, Dörfer und Städte schaffen, in denen das Miteinander zählt. Lasst uns Unternehmen bilden, in denen wir mit unserer Kreativität und Kraft Sinnvolles leisten und damit unsere Existenz und unser Auskommen sichern. Lasst uns Schulen gestalten, in denen unsere Kinder ihre Neugierde stillen.

Lasst uns ein Gesundheitswesen entwickeln, in dem wir Leib und Seele gleichwertig beachten und uns mit medizinscher Kompetenz und Mitgefühl bei Krankheit, Leiden, Schmerz und Sterben beistehen.

Lasst uns Gemeinschaften bilden, in denen Menschen lernen, sich zu verstehen und zu verständigen. In denen wir uns gegenseitig helfen und anregen und gemeinsam an einer friedlicheren Zukunft arbeiten.

Lasst uns wahrhaftig sein und echte Begegnung üben.

Lasst uns die inneren Quellen aufsuchen, das Schicksal eines jeden anerkennen und jeden zu seinem einzigartigen Lebens- und Entwicklungsweg ermutigen.

Wir besitzen als Menschheit eine enorme Lebenskraft, eine hohe Intelligenz, ein großes Herz und ein wunderbares kreatives Potential.

Lasst uns in Würde zusammenleben.

Jetzt!

Wirksame Selbsthilfestrategien

210 Seiten I Gebunden
ISBN 978-3-451-60013-5

Michael Tischinger ist Arzt, Psychotherapeut und Theologe. Er wählt für sein Buch einen besonderen Zugang: In 52 kurzen Geschichten zeigt er die Facetten der Selbstliebe für die seelische Gesundheit auf. Dabei berichtet er von vielem, was ihm selbst oder seinen Patienten widerfahren ist. So sind Geschichten entstanden, die authentisch und berührend sind – und gleichzeitig auf spielerisch leichte Art den Zugang zur Selbstliebe ermöglichen.

In jeder Buchhandlung!

HERDER   www.herder.de

Glücklos trotz Wohlstand?

192 Seiten | Gebunden
ISBN 978-3-451-60079-1

Macht ein Sportwagen oder eine Luxusyacht glücklich? Forschungsergebnisse sagen: Nein! Mathias Binswanger macht deutlich, dass wir in einer Gesellschaft leben, die Glück geradezu verhindert. Wie entgehen wir den Tretmühlen der Glücksverheißung: mehr Einkommen, Status, immer neue Chancen, immer noch mehr Zeitersparnis …? Aus der Sicht eines Ökonomen: ein Buch über die wirklichen Voraussetzungen des Glücks.

In jeder Buchhandlung!

HERDER www.herder.de